Ulrich Hain, geboren 1939 in Krefeld; Volksschullehrer in NRW; 34 Jahre Wiss. Mitarbeiter an der Justus-Liebig-Universität Gießen; 24 Jahre Mitglied des Universitätsorchesters; ehrenamtlich bei „Schule für alle im Landkreis Gießen"; Keramikausstellungen in Hessen, Niedersachsen und Bayern; Wiss. Veröffentlichungen sowie
Kolumbianische Erfahrungen. Wetzlar: Büchse der Pandora, 2000 (Tagebuch, vergr.),
Maria Schmolln. Kriegszeiten als Idylle? (Privatdruck, 2009)
Theater in Granada. Acht Erzählungen. Norderstedt: BoD, 2013

http://ulrichhain.de

Ulrich Hain

# Auf unseren Höhenwegen

In den Alpen von Hütte zu Hütte

*Bibliografische Information der Deutschen Nationalbibliothek:
Die deutsche Nationalbibliothek verzeichnet diese Publikation in der deutschen Nationalbibliografie; detaillierte bibliografische Daten sind im Internet über http://dnb.dnb.de abrufbar.*

*© 2016 Ulrich Hain*

*Illustrationen: Ulrich Hain
Layout: Theresa Seyfert
Herstellung und Verlag: BoD – Book on Demand, Norderstedt*

*ISBN: 978-3-7431-1337-4*

Für meine Familie, Freunde,
Bekannten und Mithelfer

Vorwort                                    S. 9

## Teil 1:  Blau Weiß Rot - Dolomiten-Höhenwege

Die erste Hüttenwanderung
(DHW 1, 2003)                              S. 15

Alte Bekannte
(DHW 4, 2004)                              S. 29

Länger – höher – weiter
(DHW 2, 2005)                              S. 39

Auf–ab–auf, Hütte oben drauf
(DHW 9, 2007)                              S. 53


Skizze: Zentralalpen                       S. 72

**Teil 2: Unterwegs von Hütte zu Hütte – Weitere Alpenwanderungen 2006 bis 2014**

Karnischer Höhenweg 2006            S. 76

Berliner Höhenweg 2008             S. 89

Zugspitze 2009                       S. 100

Hohe Tauern und Rofan 2010        S. 105

Montafon und Rätikon 2011          S. 115

Triglav 2012                          S. 121

Meraner Höhenweg 2013             S. 129

**Mont Blanc 2014 und Schluss?**      S. 132

„Es gibt Berge, die einfach viel schöner aus der Distanz zu betrachten sind, anstatt sich in den Bergsteigerkolonnen gen Gipfel auf die Füße zu treten...", so Iris Kürschner im *internet* über eine Mt. Blanc-Wanderung. Man kann demnach also in den Alpen durchaus legitim mit dem Bähnli aufs Gorner Grad hochfahren und von dort auf Monte Rosa, Zwillinge, Breithorn und Theodul-Pass schauen – ein unvergesslicher Blick. Oder aber man wandert (einsam?) von Hütte zu Hütte auf halber Höhe, möglichst über der Baumgrenze, und freut sich an den weit drüben vorbeiziehenden Panoramen im Laufe des Wandertages – in der Ferne.

Wir haben Letzteres gemacht und uns fast immer auf die Fernblicke beschränkt. Denn ich war und bin kein richtiger Sportler und unternehme erst recht auf meine alten Tage keine Extremtouren oder sagenhaften Bergbesteigungen. Daher kann ich von solchen Abenteuern nicht berichten. Wir – meine Frau Inge und unsere Freundin Hiltrud und ich – haben uns die Bergnatur erwandert, um Himmel und Erde zu genießen, nicht um uns zu beweisen. Es folgt hier also eher das Normale an Überraschungen, Irrtümern, Freuden und Leiden, wie es jeder erleben kann oder schon längst selbst erlebt hat. Oder beim Lesen sich hier an Vergleichbares erinnern will. Schrittweise, abschnittweise vielleicht, man muss ja nicht alles hinter einander weg lesen wollen.

Um die vielen schönen und wichtigen Kleinigkeiten, um die Strecken und Orte nicht zu vergessen, mache ich mir auf Reisen meist Notizen, auch in den Bergen. Beim Zusammenstellen der Fotos zu Hause und bewegt von den Erinnerungen an die vergangenen Tage formuliere ich diese Notizen oft aus für Briefe an Familie und Freunde. Außerdem kann man nicht alles mit der Kamera festhalten, etwa Gedanken, Beobachtungen und Begegnungen mit jungen und alten Wanderfreundinnen und -freunden unterwegs. Leider ist es aber auch umgekehrt so, dass mit Worten nicht alles gesagt werden kann, sondern manches besser und einfacher über Bilder zu zeigen wäre. Aber das biete ich hier nicht, ein Büchlein ist ja kein Dia-Abend. Und da ich kein Profi-Fotograf bin, ist mir ein Bildband zu teuer. Ein bisschen Zeichnen kann ich aber doch? Auf Routenkarten habe ich verzichtet, sie würden zu klein und nichtssagend, um zum Verstehen und Nacherleben beizutragen. Ersatzweise habe ich zur allgemeinen Orientierung nur eine Übersichtskarte skizziert, das sollte in Zeiten des *in-*

*ternet* genügen. - Also ist kein Wanderführer zu erwarten, sondern hoffentlich und allenfalls ein Wander-Verführer.

Die verstreuten Berichte lassen sich gesammelt vielleicht auch an jemanden verschenken, der uns nicht kennt - als Anregung etwa, sich an eigene Wanderungen zu erinnern, wie gesagt, oder selbst einmal so etwas zu versuchen. Deshalb dieses Büchlein.
In älteren Vorworten habe ich beschrieben, wie wir zum Hütten-Wandern gekommen sind und warum ich „schon wieder" von unbeschreiblicher Gebirgsluft und Gebirgspanoramen schreibe. Zwei dieser Vorworte sind den entsprechenden Teilen vorangestellt. Was die Zeitpunkte der Wanderungen betrifft – sämtliche fanden in der je zweiten Septemberwoche statt bis auf die jeweils genannten Ausnahmen.

# Distanzen

Aus der Ferne erst
siehst du genau
den hohen Berg, den Dom
sowie die schöne Frau.

Der schönen Frau man wiederum empfehlen kann:
Mit etwas Abstand erst
erfreut der Supermann.

# Teil 1

## Blau - Weiß - Rot
Dolomiten-Höhenwege 1, 4, 9 und 2

Für Bergwanderungen schwebte mir vor vielen Jahren vor: Eine freundliche Pension als Stützpunkt, von dem aus wir uns in verschiedene Richtungen aufmachen und in der wir es uns nach getaner Tat wohl sein lassen können. So haben wir es denn auch mehrfach gehalten. Einmal waren wir in dieser Art auf der Seiser Alm, nur dass Inge statt in eine der gepflegten oder pfleglichen Pensionen lieber auf einen Campingplatz wollte. Mit Zelt, wegen der Naturnähe. Und zugleich schon ein Schritt in Richtung einfachere Bedingungen. Ein anderes Mal verlängerten wir spontan eine Eintageswanderung auf drei Tage, obwohl wir außer Wasser und Regenzeug weder Zahnbürste noch sonst etwas zum Übernachten dabeihatten. Unterwegs auf diesen Strecken trafen wir öfter auf Gruppen von Wanderern oder Familien mit mehr Gepäck als einem Tagesrucksack. Sie gingen von Hütte zu Hütte. Eine verlockende Alternative zum Kreisen um einen Ort. Nur die zu erwartende Realität auf eventuell beengten Matratzenlagern in den Hütten mit Geschnarche nebst nächtlichem Herumtapern Richtung

Toilette erschien mir nicht ganz so verlockend. Dabei wurde mir das Wandern von einer Unterkunft zur anderen fast in die Wiege gelegt: Die ersten Familienferien nach dem Krieg bestanden in einer Wanderung von Heimbach in der Nordeifel nach Beilstein an der Mosel, von Jugendherberge zu Jugendherberge.

Es war vor allem Inge mit ihrem Enthusiasmus; sie setzte sich gegen meine Bedenklichkeiten durch, wie so oft. Und wir fanden in Hiltrud eine (Wander-) Freundin, die nicht nur ohne Zimpern alles mitmachte, sondern stets mit ausdauerndem Schritt vorbildlich voranging, unermüdlich.

Für mich waren und sind diese Wanderungen bei aller Anstrengung die beste Erholung für Geist und Körper: Abends stellt sich wie von selbst Zufriedenheit ein, anders als oft im Alltag. Der geizt nach Eintritt in den Ruhestand manchmal mit Zufriedenheitsempfindungen. Dass ich zu Hause gekocht und die Wäsche aufgehängt oder den Garten versorgt habe, reicht nicht immer aus für meine Ansprüche an Berechtigung zur Zufriedenheit.

Was aus diesem Anfang wurde, steht in den folgenden Texten, und auch, warum der Titel des ersten Teils oben so und nicht anders lautet.

> Da hebt das Dach sich von dem Haus
> und die Kulissen rühren
> und strecken sich zum Himmel raus,
> Strom, Wälder musizieren...
> J. v. Eichendorff

## Die erste Hüttenwanderung
DHW 1. Vom Pragser Wildsee nach Forno da Soldo, 2003

Strahlend BLAU der Himmel, wenigstens nach den ersten drei Tagen! WEISS die Berge, und vor allem die Schuttflächen an ihrem Fuß häufig hellweiß. Schließlich das ROT eines kleinen Krauts, Bärentraube, das zwischen dem Grün der Büsche und Krüppelkiefern im Gegenlicht feurige Placken bildet. Die Herbstverfärbung setzt bei Lärchen und Birken erst zögernd ein, so dass die Farbe Gelb fast ganz fehlt, anders als im letzten Jahr. - Übrigens, die Nationalflagge Italiens ist leider nicht blau, weiß, rot sondern grün, weiß, rot.

Bergwandern. Auf halber Höhe gehen wir etwa auf einen Pass zu, hoch oben zwischen zwei Spitzen ist er zu sehen, einen halben Tag lang. Später blickt man noch lange auf diesen Pass zurück. Erst: Da sollen wir rauf? Später: Da oben waren wir!! - Hiltrud geht immer voran in mäßigem Tempo, Inge schleicht bergauf. Deshalb komme ich als letzter nie außer Puste und mein Puls überschreitet kaum die ärztlich empfohlenen 130 Schläge. Schrittchenweise geht es also voran und hinauf, Augenblick für Augenblick. Aber die winzigen Strecken und Momente addieren sich. Schneller als gedacht sind wir schon deutlich über dem Talgrund. Bleibe ich stehen, um mich umzusehen oder ein

Foto zu machen, sind die anderen im Nu schon ein erstaunliches Stück weiter – aus solchen Schritten und Augenblicken setzen sich die Stunden und Höhenmeter und Kilometer zusammen, auch das Leben, auch schließlich die Ewigkeit – Zeit, Raum, Zeitraum.
Fast die ganze Strecke vom Pragser Wildsee bis Rifugio Pramperèt konnten wir „die Sella" von Ferne sehen, erst von Norden, dann von der Seite, dann von Süden, ein riesiger runder Felshocker von um die zehn Kilometer Durchmesser, 3150 Meter hoch, charakteristisch stufig aufsteigend, mit Grödnerpass zur Puezgruppe hin und mit Pordoipass zur Marmolada hin (Zeichnung S. 99). Dieses letztere Massiv, ein gewaltiger „Sessel", nach Norden geöffnet und mit weißem Kissen ausgestattet, hat nichts mit Marmelade zu tun, mehr mit weißem Schnee oder Marmor, marmo italienisch, daher auf Deutsch vielleicht „die Marmorne"? Weitere Berge haben uns begleitet, der Monte Formin, ge"formt" als schräge Platte mit den Croda da Lago-Spitzen hinten dran. Dann der Civrettakamm, der riesige Monte Pelmo mit seinen zwei stumpfen Gipfeln, dann noch die Antelao-Pyramide jenseits des Piave-Tals... - so können wir tatsächlich schrittweise das Gewirre von Bergen ein bisschen strukturieren. Alle diese Gebirgsstöcke ragen aus dem heraus, was Regen, Wind und Frost von ihnen abgesprengt haben, was als Steinchen, Felsen und hausgroße Blöcke nun zu ihren Füßen liegt. Diese „Schutthalden" kommen wie ein Fluss gerade oder geschlängelt aus den Spalten der Berge herunter oder lagern sich einfach schräg unten an, die Blöcke liegen wie Hütten im Grün der Wälder und Gebüsche.

♣

In dem großen Hotel am **Pragser Wildsee**, in dem auch die österreichische Kaiserfamilie einst zu nächtigen pflegte, verbringen wir eine ruhige Nacht vom 10. auf den 11. September, der Himmel ist heute früh blau, der Rucksack nicht zu schwer, aber es ist Schlechtwetter vorausgesagt. Tatsächlich wird es beim Aufstieg zum Seekofel-Pass (2.400 Meter) allmählich grau und kühl. Ein zu leicht bekleidetes Paar, das uns überholt hatte, kommt uns wieder entgegen. Kurz darauf beginnt es zu regnen. Kalt, noch kälter, ganz kalt, mit Graupeln und dann Schnee. Je höher wir steigen, desto stärker bläst der Wind. Da ich zu faul bin, meine Überhosen im Rucksack intensiv zu suchen, werde ich als einziger von uns dreien untenrum nass, das Fahrrad-Regencape tut ansonsten seine Dienste und schützt Rucksack und meine obere Hälfte. Die Seekofel-Hütte ist voll mit triefenden Gästen. Um zwei Uhr klart es bereits wieder auf, die hervorbrechende Sonne gibt der Landschaft ein unwirkliches Licht in blauen, violetten und grellgrünen Tönen, durchmischt mit aufsteigenden silberweißen oder grauen Wolkenschwaden. Eine *fantasy*-Landschaft mit wechselnder Beleuchtung. Der Seekofel ist mit dicken Kalkplatten sauber belegt, die Hochfläche glänzt im Neuschnee, der rundum die Strukturen der Alpenfaltung deutlich macht wie im Geologen-Bilderbuch. Es ist noch zu früh, um Quartier zu machen. So gehen wir halt weiter, abwärts zur Senneshütte, dann über liebliche Kiefern-Stein-Gräser-Hänge zum freundlichen Rifugio **Fodara**. – Alle Übernachtungshütten und -stationen hebe ich hervor, setze auch Höhenzahlen oft in den Text, damit wir uns besser erinnern können.

♣

Am nächsten Morgen wählen wir nicht die breite Straße mit erheblichem Ab- und Anstieg sondern die Variante 1, einen Pfad unterhalb der Fanes-Felsen im steil abfallenden Geröll, mit weniger Höhenverlust, dafür aber genügend

Kletterei an manchen Stellen. Der Pfad ist wirklich schmal, so schmal, dass er vielleicht deshalb auf den neueren Karten schon nicht mehr drauf ist. Beim Steigen rutscht plötzlich mein Wasserbehälter aus der Seitentasche des Rucksacks und holpert und springt zu Tal. Nicht weit, wie beruhigend, so dass ich nachklettern kann. Zerbeult aber noch dicht wird das Teil gerettet.

Das Rifugio **Fanes** (2050 Meter) liegt in einem flachen Hochtal mit zwei moorigen Seen, umgeben von ansteigenden Kalkbänken, etwa wie ein Amphitheater. Da wir früh angekommen sind und der graue Tag uns zu keinen weiteren anstrengenden Taten ermutigt, kehren wir nahebei in einer Bauernhütte zu einem Honigschnaps und einem Glas Wein ein. Oben auf dem Kachelofen wälzt sich eine stumme Schöne. Der dazu gehörige junge Mann, Herr über 2000 Kühe, bereitet sich auf die Wintersaison vor, er ist Skilehrer, und erzählt von der Schule: Man lernt hier Ladinisch, Italienisch, Deutsch und Englisch!

Ab nun gibt es nur noch blendend schönes Wetter, Hochgebirgssonne plus kühlen Wind. Schon bald haben wir von den nächsten Jochs einen Abschiedsblick auf den Seekofel und dann einen herrlichen Blick durch das Hochtal und auf unseren weiteren Weg zur Seescharte (2500 m). Beim Anstieg entdecken wir plötzlich zum ersten Mal Sella und Schlern (Seiser-Alm), freuen uns, dass wir schon etwas von früher kennen. Der Abstieg in einem steilen Geröllkamin ist lästig wegen des Gerutsches, dann werden wir durch den Blick auf die vereiste Marmolada entschädigt. Auch taucht fern und hoch unser Ziel für heute auf, das **Lagazoi**-Rifugio (2750 Meter). Unten entlang, am Fuß einer enormen Gipfelreihe geht es leicht aufwärts, aber das sanfte und allmähliche Berg-An dauert Stunden. Immer das Haus vor Augen, es kommt einfach nicht näher. Wenigstens wandert eine Gemse ganz in der Nähe querfelsein auf die Berge zu.

Zum Schluss ein steiler Anstieg über eine Skipiste, jetzt im Sommer eine kahle, hässliche Schotterhalde. Er endet mit einem atemberaubenden Rundblick über die Alpen in alle Himmelsrichtungen. Schön, dass wir unsere Scharte vom Mittag noch einmal sehen und unsere Leistung abschätzen können. Links und geradeaus im Süden die Bergketten, an denen wir bald vorbeilaufen werden, rechts Sella und Puez mit Geislerspitzen. Alpendohlen taumeln kunstvoll wie schwarze Blätter über dem Abgrund. Beim Abendessen geraten wir neben drei Herren aus Norddeutschland, von denen der kleinste sich ungeheuer mit seinen Kenntnissen und planerischen Vorschlägen hervortut. Er bringt es auch fertig, Hiltrud seine Vermutung mitzuteilen, dass wir bloße Spaziergänger seien.

Am Sonntag, Kuchen zum Frühstück, vollbringen wir unsere Glanzleistung: Neun Stunden und insgesamt tausend Meter Aufstieg, also fast dreimal auf den Eiffelturm zu Fuß, und 1500 m Abstieg - verteilt auf verschiedene Etappen.
Das Frühlicht arbeitet plastisch die Bergstrukturen heraus. Für den Rundblick vom Kleinen Lagazuoi aus begibt man sich am besten selbst dorthin, mit dem Auto oder Rad und dann mit der Gondel hinauf und überzeugt sich selbst. Oder geht zu Fuß wie wir.
Beim Abstieg zum Falzarego-Pass kommen wir an Befestigungsanlagen aus dem Ersten Weltkrieg vorbei. Die Kommentare auf den Hinweistafeln beschreiben, welche Mühe sich die Herren Offiziere gaben, dass sich die armen Bergbauern aus benachbarten Dörfern auf österreichischer und italienischer Seite wechselseitig abschießen und in die Luft sprengen konnten. Im Winter erbarmungslos froren und hungerten, während im rückwärtigen Offizierskasino die Sahne floss. Widerwärtig. Verbrecherisch.

*Eine Südfront im Ersten Weltkrieg gab es erst im zweiten Kriegsjahr, als die Entente-Mächte Italien den südlichen Teil Tirols (Österreich) versprachen und italienische Truppen heranrückten – Kriegsziel Brenner. Das deutsche Kriegsziel waren die Industriegebiete in Lothringen, Nordfrankreich und Belgien. Aber welche Ziele hatte eigentlich die österreichische Kriegerkaste? Serbien bestrafen, die Doppelmonarchie erhalten, klar, aber sonst noch? Vierzigtausend Tote hier im Gebirge, 15 Millionen Tote und 20 Millionen Verletzte insgesamt im Ersten Weltkrieg. –*
*Wir sollten noch auf mehr umkämpfte Stellen stoßen, Drei Zinnen, Cortina, am Karnischen Höhenweg, an der „Isonzo-Front" etwa. Das heißt, wer in den südlichen Alpen wandert, stößt früher oder später nicht nur auf Natur, sondern auch auf Geschichte – manchmal unverhofft, wie es bei uns der Fall war. Und zwingt zum Nachdenken auch über die Gegenwart mit ihren „perfekten Kriegen", wie aus der FAZ (18. 10. 2014) hervorgeht: "…Der Feldzug gegen den Islamischen Staat beschert Amerikas Rüstungsschmieden volle Auftragsbücher und satte Gewinne. Die Zeiten sinkender Rüstungsbudgets sind vorbei…" Na, toll!*

Vom Falzarego-Pass wandern wir um den Averau herum wieder auf 2200 m Höhe hinauf und sind zunächst durch die vielen zugigen Refugien um die Lifte am Pass irritiert. Lassen schließlich die Nuvolao-Hütte aus und gehen gleich zu den Cinque-Torre weiter (Zeichnung S. 52) – und immer noch erst 14 Uhr. Wir fühlen uns für weitere Taten fit und steigen durch Nadelwald zu einer Pass-Straße ab und dann wieder auf, Richtung Osten und dann Süden. Hinter uns liegt die Tofanengruppe im nachmittäglichen Licht, Monte Cristallo und Cortina d'Ampezzo tauchen auf der anderen Seite auf. Nachdem wir um die Croda da Lago-Spitzen herum sind und wieder 2050 m erreicht haben, geht es leicht

bergab auf das Rifugio **Croda da Lago** zu, herrlich gelegen am Federa-See (Zeichnung S. 120).
In der Hütte treffen wir eine fremdländisch sprechende Gruppe an, ich dachte: Italiener. Tatsächlich handelt es sich aber um Amerikaner aus Oregon mit einer Leiterin, die italienisch spricht: Ihre Vorfahren kamen aus dieser Gegend. Wir unterhalten uns nett und werden unterhalten. Anders als manchmal unter Deutschen findet so etwas wie ein Gruppenleben statt. Jeder erzählt drei kurze irgendwie erstaunliche Geschichten aus dem eigenen Leben, von denen eine gelogen sein soll. Nach jedem Dreierpack stimmt die Gruppe ab, welche Geschichte wohl die unwahre ist; wer am besten gelogen hat, ist Sieger.
Nachts vor der Hütte entsteht plötzlich am östlichen Himmel ein unglaublich starker Lichtschein über dem Horizont. Bald verwandelt sich das Licht in eine eigenartige Figur, die sich kurz darauf als Mond zu erkennen gibt, der in einem Spalt hinter zwei bizarren Dolomitenspitzen aufgeht und bizarr verformt erscheint.

Das Frühstück nehme ich allein neben den Amerikanern ein, denn Inge und Hiltrud streiken. Das Frühstück kostet immer € 8,--, unabhängig davon, ob es ein Büffet mit allem Drum und Dran ist (private Häuser) oder nur aus einer Tasse Milchkaffee mit zwei Stück Luftbrot und zwei Klecksen Marmelade und Butter besteht (CAI). Meine These: Durch die Preis-Leistungsdifferenz beim Frühstück finanziert sich der Italienische Alpenclub. Natürlich verlange ich etwas Brot nach, um für uns alle ein Mittagsbrot herzustellen. Das ist nicht der Geiz, es ist der Ärger über das Missverhältnis von Preis und Angebot.
Der abnehmende Mond steht im Westen über den Croda da Lago-Spitzen wie eine weiße Pflaume im blauen Himmel. Die Sonne geht ungefähr da auf, wo nachts der Mond

hervorkam. Gemütlicher Anstieg zum Ambrizzola-Joch (2270 Meter), neben den Mezzodi-Spitzen, mit Rückblick auf See und Rifugio und Cortina d'Ampezzo, dann Blick voraus auf Monte Pelmo und Civetta und seitwärts auf die Marmolada. Während die Amerikaner weiter unten nach dem Fundort eines vorgeschichtlichen Grabes suchen, machen wir einen großen Bogen, schön auf etwa gleicher Höhe, nach Osten hin bis zum Rifugio Cittá di Fiume (1900 Meter), eine Art Räuberhöhle oder Wirtshaus im Spessart. Die Nachtlager befinden sich im Untergeschoss: drei röhrenförmige Höhlen sind in den Fels geschlagen (als ob man Bier einlagern wollte) und nach außen mit Toren verschlossen. Darin stehen die Doppelstockbetten. Ein alter Wirt, einige ältere abgearbeitete Gestalten (Hirten?) im dunklen Raum, sprechen nur Ladinisch, es kommt keine Verständigung zustande und wir klären uns über den eher unfreundlichen Eindruck nicht auf. Hier bleiben wir nicht. Ich esse nur eine primitive Suppe, Inge holt sich später ein Brötchen dazu.

Der Abstieg zum Passo **Staulanza** (1760 Meter) entpuppt sich als vollwertige Wanderstrecke über die Wiesen und Steinschläge unterhalb des Pelmo. Wir verlieren zum Pass hin nur wenig an Höhe, das ist für uns Untrainierte wichtig. Da wir noch Zeit haben und die Sonne so schön scheint, suchen wir einen warmen Sonnenfleck in der Nähe und genießen den Nachmittag lesend bis die Sonne verschwindet. Abendessen mit Linzer Torte nach den Nudeln.

♣

Eine schöne Herberge, aber zum Frühstück trinken wir alle nur eine Tasse Kaffee, ich kriege das aufgesparte Brötchen von gestern bewilligt. Dann folgt ein immer steilerer Aufstieg über eine Alm, die anscheinend von vielen Ziegen belebt wird. Wir müssen uns tief über den Weg beugen und somit auch über deren Hinterlassenschaften. Anschließend geht es an einer Bergflanke entlang eher gemütlich, aber lang anhaltend, bergauf bis zum Rifugio Coldai (2150 m), wo wir uns ausruhen und dann Punkt zwölf Uhr „richtig" Mittagessen, nämlich nicht aus dem Rucksack.

Das wäre schon eine Tagestour gewesen. Aber was sollen wir hier, auch wenn Hütte und Personal nett sind, mit dem Rest des Tages anfangen? Auf zur nächsten Herberge? Aber zunächst verlockt uns der tiefblaue Lago Coldai nahebei. Dort machen wir es uns bis in den Nachmittag hinein gemütlich, so gemütlich, dass ich meine Brille liegen lasse, als wir endlich aufbrechen und weiterwandern. Daher wird der Anstieg zum nächsten Sattel durch meinen Spurt zurück unterbrochen. Vom Sattel aus sehen wir die Bescherung: Hoch und unerfreulich weit voraus liegt die **Tissi**-Hütte auf einem Vorsprung des Civettamassivs! Und zwischen ihr und uns geht es tief runter! Obwohl wir schließlich nur zwei Stunden brauchen, macht uns das Runter und Rauf zu schaffen, ziemlich erschossen kommen wir oben an (2260 Meter) und sind schweißnass. Dabei hätte es einen so schönen Pfad dicht unterhalb des Civetta-Kamms immer auf gleicher Höhe gegeben! Aber das Geklacker in den Felswänden hörte sich doch sehr nach ständigem leichtem Steinschlag an.

Auffallend schöne Lagen haben die Alpenvereine für die Hütten ausgesucht, fast alle liegen exponiert an einem Pass oder Vorsprung mit meist unglaublichem Blick in die Ferne oder auf landschaftliche Besonderheiten – zum Beispiel von der Tissi-Hütte direkt aus dem Essraum auf die Civettawände im Abendrot.

Vom Gipfel oberhalb der Hütte dient der Rundblick als Repetitorium aller Gebirgsstöcke, die wir bisher passiert oder in der Ferne gesehen haben. Da: Lagazuoi, winzig,

dort: noch ein Zipfel Puezgruppe! Abschied vom nördlichen Teil unserer Strecke.
Lieblicher Weg unterhalb der Civetta! Ab und zu sind wieder Steinschläge zu hören. Nun hinab bis auf einen breiten Weg, der zu unserem Missvergnügen noch weiter abwärts führt. Die Darstellung im Dolomitenführer ist unklar, wir wählen aber den richtigen Abzweig Nr. 554, obwohl er durch ein rot-weißes Plastikband gesperrt ist. Wir müssen nun von 1500 m, mal steil mal sanfter, durch Wald und später Krüppelkiefern wieder auf 1950 m Höhe kommen, immer mit schönem Blick auf die zurückgelegten Strecken. Vor dem letzten Anstieg machen wir auf einem warm beschienenen Wiesenhang eine faule Pause.
In einem weiten Bogen geht es schließlich auf das **Carestiato**-Rifugio zu (1830 m). Dort erhalten wir einen kleinen Schlafsaal für uns, wie auch sonst fast immer; wir haben also reichlich Platz.

♣

Quadruped. Zum ersten Mal sind wir ganz modern unterwegs. Jeder von uns hat zwei Teleskopstöcke, die Rucksäcke ruhen auf den Beckenknochen - nicht nur auf der Schulter - und die Wäsche ist leicht und mikrofaserig.
Die Stöcke dienen mir zum Gleichgewicht-Halten, wenn es über Blöcke geht, und zum Nachschieben wie beim Langlauf auf den bequemeren Wegen. Sie sind mir also nur bei bestimmten Wegverhältnissen wirklich von Nutzen. Etwa beim Steilabstieg werden durch das Stützen die Knie nicht so belastet. Oft stochert man mit den Stöcken im Gestein herum. Offenbar ist die Aufsicht über vier Beine für Menschen nicht leicht. An viel begangenen Pfaden richten die Stöcke aber Schaden an, Steine werden gelockert, Grassoden abgelöst oder zerlöchert, so dass die Abtragung durch Regen stärker wird und die Wege immer breiter. Aus einem Wiesenhang kann dadurch eine Schotterautobahn

werden, auch weil viele Wanderer zusätzlich noch ihre eigenen Serpentinen neben dem vorgesehenen Pfad durchs Gelände bahnen.

Die Rucksäcke spüren wir kaum. Inge und ich haben wohl gut gepackt, nur das wirklich Nötige. Die Amerikaner vor zwei Tagen hatten an die zwanzig Kilo auf dem Rücken, wir nur zehn (Hiltrud) oder fünf bis sieben. Das schwerste sind die Wasserflaschen. Die moderne Sportwäsche ist wirklich praktisch, flauschig-wärmend und dabei leicht. Nehmen auch nicht übermäßig den Schweißgeruch an, was im Hinblick auf die manchmal eingeschränkten Waschmöglichkeiten erfreulich ist. Außerdem trocknen die Mikrofasern sehr schnell, etwa nach dem Schneesturm am Seekofel. Auch mein modernes Fließ-Handtuch ist morgens wieder schön trocken einpackbereit.

Unser Abendessen besteht oft aus Spaghetti und Salat, Spinatknödeln, Bratkartoffeln mit Spiegelei oder Käseknödeln, dazu ein Liter Wein, seltener auch Bier. Neben uns sitzen dann kleine drahtige Italiener, die erst eine dicke fette Lasagne verspeisen und dann das Hauptgericht aus Schnitzel mit Brot oder Pommes oder gebratenen Käse mit Polenta, als Nachtisch dann noch – meistens nichts. Aber immerhin!

Beim langsamen Steigen reden wir kaum miteinander, hängen den eigenen Gedanken nach. Ich versuche öfters meine Musikstücke im Kopf zu rekonstruieren oder überlege an einem Text für die Uni herum. Trotzdem bin ich fast immer „bei der Sache", in der Gegenwart, nehme neue Pflanzen wahr - jetzt mehr Akelei als anfangs, auch Knabenkraut und Waldbeeren kommen dazu - und kontrolliere den Schotter auf Versteinerungen. Nichts gefunden. Wie als Kind ist man bergauf mit dem Gesicht recht nahe am Boden, wie schon beschrieben, hat auch kleine Pflanzen dicht vor der Nase und sieht sie nicht wie sonst so von oben herab an.

♣

Am nächsten Tag geht es mal wieder tief runter, zum Passo Duran (1600 m), danach einen wahren Panoramapfad mittel-steil um das Pramper-Gebirge herum. - Nun weiß ich nicht, wie ich abwechslungsreich über diese herrlichen Ausblicke hinüber und Ansichten neben uns schreiben soll. Steinfelder, Kiefer- und Alpenrosenbüsche, einige Blumen und rote Placken. Allmählich doch anstrengend, weil die Strecke sich ziemlich hinzieht. Im Schotter auffallend viel versteinertes Flussgeröll, ich nehme eine Probe mit. Hinter der Passhöhe Moschesin (1940 Meter) rechts ab ohne großen Höhenverlust durch eine weit geschwungene Almenlandschaft zum Rifugio **Pramperet**. In der frischen Abendluft und mit einem nagelneuen Gebirgshintergrund sitzen wir vor dem Haus und lesen und schreiben. Es war unser letzter Tag auf dem Weg Nr. 1. In zwei Tagen muss Hiltrud wieder arbeiten, wer weiß, wie es auf den Autobahnen aussieht. Vorsichtshalber werden wir morgen früh nach Forno da Solda absteigen und dort den Bus zurück zum Pragser Wildsee nehmen. Die beiden Hütten-Frauen haben einen Fahrplan und klären uns und eine Mit-Wanderin über die Verbindungen auf. Der Winterfahrplan gilt zum Beispiel noch nicht. Entsprechend unserem vereinigten Wunsch gehen die beiden auch noch von der ausgedruckten Menukarte ab und fertigen herrliche Spaghetti Alio e Olio mit Peperoncini an, lassen auch gute Musik laufen. Beste Stimmung, noch kein Abschied. – Hinter dem Haus eine passable Waschgelegenheit, wir waschen uns wie schon öfter eiskalt, man gewöhnt sich dran. Den einzigen Schlaf-saal haben wir allein für uns. Es ist reichlich kalt. Werde ich um 6 Uhr früh wach, um die anderen zu wecken? Ist es dann überhaupt hell genug, um loszulaufen? Um Viertel vor Zehn fährt unten der „Sommer-Bus" los!

Ab fünf Uhr lauere ich auf's Hellwerden, mache schon mal einen Probegang. Erstaunlich wie viel Licht der halbe Mond im Westen gibt, ein bisschen geisterhaft. Die weißen Kalkbrocken auf dem Wiesenhang leuchten wunderbar, aber zum Wandern ist es noch nicht hell genug.
Trotz allem, Punkt sechs Uhr stürmen wir ohne Frühstück los, abwärts, abwärts, teilweise durch ein trockenes Bachbett oder eine Mure, die den Weg verschüttet hat. An einem Brunnen machen wir eine kleine Pause, um kurz etwas zu essen, dann weiter. Und nach vielen Zweifeln, ob wir es schaffen, sind wir eine halbe Stunde vor Abfahrt des Busses im Ort. Allerdings gilt schon der Winterfahrplan, so dass wir nun vier Stunden Zeit haben. Inge will als Nachschlag zu unserer Wanderung das Flusstal in Busrichtung herunterwandern, Hiltrud und ich haben keine Lust dazu. Mir fällt es schwer, mich einem kindlichen Gemüt entgegenzustellen, dass das Ende der Ferien nicht wahr haben oder hinausschieben will. Hiltrud dagegen baut mehr als ich auf eigene Interessen und setzt sich, uns beide, durch. So kehren wir um und trödeln durch den Ort, genießen Cappuccino und ein Mittagessen vom Bäcker. Das Tal, die Schlucht, fand ich später vom Bus aus reichlich düster und unfreundlich.
Die Busanschlüsse funktionieren wie die Bundesbahn vor der Privatisierung, oder wie die Organisation in Thailand. Kaum zu fassen, wie schnell wir wieder am Wildsee sind. Wie schnell haben wir gepackt. Wie schnell sind wir auf Achse.

Samstag. Natürlich sind wir keineswegs zu Hause. Sondern Hiltrud kennt ein schönes Tal am Großvenediger, und Inge war schon gestern Abend mit Hingabe beschäftigt, die Einfahrt zum **Tauernhaus** zu finden. Letzte Ausfahrt vorm Tauerntunnel. So bekommt sie doch noch einen Nachschlag auf die Wandertage!

Leckeres Abendessen, herrliche Übernachtung – aber nun geht es mit dem Sammeltaxi ins Tal hinein auf den Großvenediger mit seinem Gletscher zu. Eine ganz andere Landschaft als die Dolomiten, mehr gerundet und die Farbpalette dunkler, obwohl oben Schnee glänzt. Wir „machen" den Gletscher-Lehrpfad, mal wieder an die 400 Meter Anstieg bis dahin, wo heute der Gletscher beginnt. Vor 150 Jahren reichte er noch bis unten ins Tal hinein. An einem winzigen See oder Großpfütze - windgeschützt hinter abgeschliffenen, gewaltigen Felsbrocken - essen wir unsere Brote. Dann kehren wir in einem Bogen ins Tal zurück, sitzen noch etwas in einem Wirtshaus, und schließlich geht es endgültig nach Hause.

## Alte Bekannte
DHW 4. Von Innichen bis Pieve di Cadore, 2004

Da das Bergwandern uns schon vertraut ist, brauche ich diesmal nicht „alles" aufzuschreiben, nur Neues oder Besonderes auf dem Weg von Innichen über die Drei Zinnen zum Piavetal. Mir kam der Aufbruch zu dieser Wanderung zu schnell. Nur zehn Tage nach der Masuren-Radtour; dies Erlebnis noch kaum verdaut, noch gar kein normaler Alltag wieder eingetreten, und schon los! Außerdem ist noch nicht richtig Herbst und somit die Laubverfärbung noch nicht eingetreten, die die Pracht der Dolomiten ausmacht. Und wenn wir, was wir doch wünschen, gutes Wetter haben, wie verkraftet unser Garten inzwischen die Zeit ohne Gießen?

Anreise nach Innichen im Pustertal und ein kurzer Aufstieg, nach Süden wieder, vom Parkplatz zur **Drei-Schuster-Hütte**. Wir haben ein Zimmer mit Balkon und Bergblick für uns, wie in einer Pension; aber die zwei Gestalten, die auf dem Balkon nächtigen, erinnern uns an schlichtere Probleme: sie hielten das Schnarchen ihrer Gefährten nicht aus. - Wir erfahren, dass wir in der Drei Zinnen-Gegend wegen des Andrangs am Wochenende Schwierigkeiten mit der Unterbringung bekommen werden. Inge ruft verschiedene Hütten an. Drei Zinnen-Hütte: Ausgebucht; Auronzo-Hütte: Man geht schon gar nicht mehr ans Telefon. Wir müssen es halt drauf ankommen lassen.

Wir nehmen die vom Wanderführer vorgeschlagene Alternativroute über den Wildgrabenpass, etwas höher hinauf als der Höhenweg, aber der Anstieg verteilt sich auf eine längere Wegstrecke. Von 1600 auf 2300 Meter Höhe, nicht schlecht für den ersten Tag, mehr als zweimal zu Fuß auf den Eiffelturm. Und dabei reinigt sich der Kopf vom Alltag, alles was noch unerledigt drin steckt, verflüchtigt sich, die wenigen Gedanken beim stillen Vor-sich-hin-Steigen werden optimistisch, wandeln sich in lohnende Möglichkeiten um.

Erstaunlich, dass das Aufsteigen mir recht leicht fällt, fühle keine große Anstrengung. Was das wohl bedeutet? Rucksack und die schwere Kamera fallen mir kaum auf. Unser Tempo ist allerdings nicht gerade hoch. Wunderschön, wie sich die Berge, die Einschnitte, die Ausblicke langsam gegen einander verschieben. Wunderschön, wenn man endlich auf dem Pass steht und vorwärts und rückwärts ins Weite schauen kann. Auch wenn es dunstig ist und zwischendurch immer mal wieder tröpfelt, das Gefühl des Erfolgs wird dadurch nicht gemindert. - Dieser erste Tag war der einzige, an dem wir unsere Regenkleidung auspacken mussten.

An der Drei Zinnen-Hütte und um die Zinnen herum ist eine wahre Völkerwanderung im Gange, von Unterkommen kann vermutlich nicht die Rede sein. Nach kurzer Rast ziehen wir weiter über die „kurze" Ostumgehung der Drei Zinnen zur Lavaredohütte, die uns unfreundlich zur **Auronzo**-Hütte weiterschickt – das sei eine Alpenvereinshütte, die einen nicht draußen lassen darf. Auch da ist es voll, aber mit einiger Hartnäckigkeit wird uns ein Zimmer im privaten Bereich versprochen. Dieser Riesenklotz von „Hütte" liegt an einem riesigen Parkplatz. Busse, PKWs, Motorräder! Der Aufenthaltsraum hat Charme und Größe einer Fabrikhalle. Am langen Büffet stellt man sich das Essen zusammen, Seniorissimo-Formate, so dass wenigstens zwei Portionen nötig sind, was sich zusammen mit einem Getränk dann auf etwa € 20,-- beläuft. Im Bett habe ich erhebliches Magenknurren. Denn zwei Frühstücksbrötchen, ein Teilchen, zwei Spinatpfannkuchen und eine kleine Portion Erbsen waren wohl etwas wenig für den langen Tag.

Herrliches Wetter, herrlicher Ausblick auf die bizarrspitzige Misurina-Kette, durch die wir hindurch müssen. Psychisch bin ich heute nicht so gut drauf, das Gehen an den ausgesetzten Stellen mit Drahtseil und Leitern auf dem Bonacossaweg kostet mich etwas mehr innere Kraft als nötig. Blick zum Zwölferkofel und zum Hohen Gaisl. Wir brauchen fast doppelt so lange wie es im Buche steht, sind aber mittags schon am Rifigio **Fondo Savio**, wo wir bleiben wollen, um uns von der Startleistung am Vortag zu erholen. Inzwischen musste ich feststellen, dass ich den neuen Film nicht ordentlich eingelegt und somit diese spannende und schöne Strecke nicht dokumentiert habe. - Fotos halten die Gegenwart fest, der Hobbyfotograf hebt sich diese Gegenwart für die Zukunft auf, erlebt dann zu Hause im Bild nach, was er original vielleicht versäumt hat?
Was bedeutet das Stapfen durch die Natur? Selbstzweck, Zeit-Vertreib (wo ich doch nicht mehr so viel Zeit habe)? Sokrates sagt, dass ihn Bäume und Natur nichts lehren können, und wir sitzen den sonnigen Nachmittag lange vor dem Monte Cristallo, Hohen Gaisl, Dürrenstein und Torre Wundt und lassen die Zeit vergehen, ohne sinnvolle Meditation, nur im Bewusstsein, dass man sitzt und schaut, ob einem der Dürrenstein oder die fernen Gletscher vom Alpenhauptkamm nun doch etwas sagen wollen. - Die Berge verändern sich mit der wandernden Sonne, Klüfte treten plastisch hervor und verschwinden wieder. Die regelmäßigen Schichten vom Cristallo reden vielleicht zum Geologen, oder man muss dazu etwas nachlesen – ist es ein flacher, schiefer Teil einer besonders großen Falte oder ein emporgeschobenes Extrateil?

♣

Am nächsten Morgen findet der angekündigte Frühnebel statt, nicht zu knapp, aber man ahnt den blauen Himmel darüber. Deshalb entschließen wir uns, den kurzen Weg durch das letzte Stück der Misurina-Kette zu nehmen, nämlich über den Schnee-Pass (2620 Meter), einen „hochalpinen Übergang", der „absolute Trittsicherheit" und Schwindelfreiheit erfordert, wie wir hinterher (!) lesen. Ich bin ahnungslos und daher die Ruhe selbst. Es geht sehr steil hinauf und sehr steil wieder hinunter, die schmalen Stege und Leitern fordern Geduld und Sorgfalt. Höhenangst habe ich keine. Nur schade, dass es die ganze Zeit so verhangen ist. - Im Rifugio Cittá Carpi wollen wir nicht bleiben, steigen bei Sonnenschein auf 1100 Meter hinunter nach San Marco, langwierig und langweilig. Denn wir trauen uns die morgige lange Strecke mit Leitern und Kletterseilen des Höhenwegs 4 von der Vandellihütte um eine Nase der Sorapis-Gruppe herum zur San Marco-Hütte nicht zu. - Gepflegte Unterkunft im **Al Cervo** im Ort San Marco an der Straße.

Die anstehende Alternativstrecke durch das Valle di San Vito zur San Marco-Hütte möchte ich genauer dokumentieren, vielleicht will sie mal jemand ebenfalls nutzen.
Obwohl wir eine beachtliche Strecke bergauf vor uns haben, kommen wir nicht gerade früh los. Wir brauchen eine Stunde für die Landstraße bis zum Informationszentrum Tre Sorelle und zum Einstieg in den Weg 226. Zehn Uhr! Der Anstieg von dort ist gemächlich-gleichmäßig, im Schatten, ein schönes Waldstück (Hainbuchen), angenehm zu gehen. Um elf Uhr haben wir 1400 Meter erreicht, ab 1500 Meter geht es leicht bergab in einen Talkessel mit den gewaltigen Wänden des Bel Pra und einem kräftigen Pis-Wasserfall (Sora-Pis-Gruppe). Reiche Flora, die Luft süß von

den vielen Blumen. Seitlich vom Wasserfall und Wildbach geht es nun lange steil hinauf, gelegentlich unterbrochen von kurzen ebenen Strecken – anfangs eine etwas unangenehme Schutthalde – durch Lärchenwald, bis wir um zwölf Uhr 1630 Meter am Abzweig zum Bivaco Valtolina erreicht haben. Immer wieder Ausblicke über das Tal auf die Sorapis-Gruppe und zurück auf die Misurina-Kette und die bewaldeten Ausläufer von gestern. Das lange Aufsteigen wird durchaus belohnt. Weiter Richtung Forcella steil bergan bis wir auf der Höhenlinie von 1800 Meter längere Zeit laufen können und um 13 Uhr die Querung „unseres" Baches erreicht haben und eine ausgiebige Mittagspause mit eiskaltem Fuß- und angenehmem Sonnenbad einlegen. Viele kleine Schmetterlinge umflattern uns und verwenden besonders Hiltrud als Landeplatz. Im Hintergrund schon der riesige Torre Sabbioni, an dem der Passweg vorbeiführen wird. Bis zur Forcella Grande (2250 Meter) brauchen wir zwei Stunden, denn wir kommen kurz vom Weg ab. Unterwegs treffen wir auf eine kleine Gruppe, die die von uns gemiedene Via Ferrata um das Sorapismassiv herum gegangen ist. Die Männer haben sechs Stunden (gegen unsere vier) gebraucht, waren auch gut ausgerüstet mit Helm und Karabinerhaken. Die Forcella Grande ist weitläufig, ein flacher Kessel an der Sorapis-Gruppe mit großen weißen Steinblöcken, eine der schönsten Stellen unserer Wanderung, nicht zu beschreiben: Monte Pelmo als dunkle Kulisse im nachmittäglichen Gegenlicht, vor blasseren Kulissen in noch weiterer Ferne. Hier möchte ich Stunden verbringen, in Muße herum laufen, erleben wie die Nacht aufkommt... Aber dafür sind wir nicht ausgerüstet, und eine Hütte hier, in der man übernacht bleiben könnte, würde mir die Natur stören. Der Abstieg ist steil und mühsam, katastrophal rutschig, aber nicht schwierig. Werde mal wieder von Höhenangst geplagt und bleibe zurück.

Eine wahre Belohnung die angeblich veraltete Hütte **San Marco**. Gemütlich, freundliche Wirte, hervorragendes Essen, und ausgezeichnete weil rückenfreundliche und nicht quietschende Betten! Wir sitzen im Aussichtspavillon, die Antelao-Pyramide im Abendlicht, Monte Pelmo als Schattenriss, die Lichter von San Vito im Tal; eine redefreudige Wandergesellin berichtet vom Piemont-Wanderweg. Ein anderer macht uns auf die morgen drohenden Gefahren eines Felsbandes über dem Antelao-Gletscher aufmerksam – es sei nicht ohne Helm und Sicherungshaken zu begehen.
Wie immer fallen wir früh in die Betten, schlafen daher fast neun Stunden wie auch sonst oft! Vielleicht macht uns das lange Schlafen so fit, wie wir uns fühlen?

♣

Hiltrud und mir ist nicht gut. Etwas mit dem Magen? Die lange Wanderung am Antelaogletscher vorbei machen wir lieber nicht.
Der Aufstieg zum Kleinen Joch fällt mir trotz Übelkeit leicht (2100 Meter), ist ja nicht viel und wir beeilen uns auch nicht. Über San Vito sehen wir im Nordwesten Lagazuoi, im Westen die Croda da Lago-Nadeln und den Mezzodi-Klotz, erinnern uns an die Wanderung im vergangenen Jahr. Von der Galassihütte aus machen Inge und ich einen Erkundungsgang, um einen Blick auf die Platte mit dem schwierigen Felsband am Antelao werfen zu können. Schöne Sicht auf die Gletscher. Schließlich glauben wir, weit hinten im Horizont das bewusste Felsband zu erkennen, hoch oben, östlich vom oberen Gletscher, eine Art Felsspalte auf einer der schrägen Platten – die würden wir vermutlich doch begehen können - das Schneejoch hatten wir ja auch problemlos geschafft. Aber jetzt, um diese Uhrzeit, nicht mehr.

Wir ruhen uns an der Hütte zwei Stunden lang aus, lesen in Mankells „Brandmauer" (unsere gemeinsame Wanderlektüre) und steigen dann zu einer Jausenstation ab, die angeblich auch Betten hat. Wir brauchen im rutschigen Geröll relativ lange – ganz hinunter bis nach Pieve di Cadore schaffen wir es also keinesfalls.
Die **Capana degli Alpini** bietet zwei Zimmer mit je vier bis sechs Betten. Sie wird von einem alten Ehepaar bewirtschaftet, er mit bedeutender Knollennase und Achselschweiß. Alles etwas angegammelt, aber die Spaghetti di Lepre tun gut. Wir machen bei Funzellicht laufend Pläne, wie wir möglichst praktisch und schön zurückwandern können. Die Waschgelegenheit erweist sich als wenig verlockend, die beiden Alten schlafen im Raum neben uns, ungewaschen wie wir auch. Ich bette mich genau unter ein Fenster und beobachte im Laufe der Nacht die Sterne, erst Kassiopeia und Andromeda mit Nebel (!), dann gegen Morgen Fuhrmann und Zwillinge mit Mondsichel und Venus. Sterne als Weltraumuhr.

♣

Inge nutzt ihren schlechten Schlaf, um weiter Pläne zu entwickeln, darunter dann den endgültigen: Runter nach Pieve di Cadore, Besichtigung der Stadt, von dort mit dem Bus zur Auronzohütte hinauf und anschließend Westumgehung der Drei Zinnen.
Die Latscherei ins Piavetal zieht sich hin, insgesamt fast 15 Kilometer, gemildert durch das schöne Wetter und einen Wanderweg neben der Landstraße. Calalzo di Cadore stellt sich als alter Badeort mit einigen schönen Häusern heraus, die wir uns ansehen. Per Landstraße dann rüber nach Pieve di Cadore. Dort suchen wir wegen der Bus-Verbindungen zuerst das Informationsbüro auf: Donnerstags geschlossen. Mit Hilfe der ausgehängten Fahrpläne, einer deutsch spre-

chenden Einheimischen und eigenen Überlegungen lässt sich ermitteln, dass wir die Rückwanderung ganz nach Plan durchführen können und sogar noch Zeit zum Essen und zur Besichtigen des Tizian-Hauses haben. Das Fachwerkhaus mit Steinfundament der „reichen" Familie Vecelli ist recht klein und unscheinbar. Ausgestellt sind vor allem Skizzen zu Tiziano Vecelli's Bildern und Dokumente zu seiner Ausbildung und seinen „Geschäften". Sichtbar wird auch etwas vom Alltag damals: Der erste Stock zum Beispiel mit schwerem Steinfußboden, da dort die große offene Feuerstelle zum Kochen und Räuchern ist.

Vom Bus aus bewundern wir die gewaltigen Spitzen der Dolomiten vor dem tief blauen Himmel, und schnell wie im Traum sind wir schon wieder oben auf 2300 Meter Höhe, auf dem Parkplatz der Auronzohütte. Etwas müde vom ereignisreichen Tag kommen wir an. Die Westumgehung im Abendlicht bei leichtem Auf und Ab scheint nicht weiter anstrengend. Obwohl noch nicht Wochenende ist, kommen uns sehr viele Leute entgegen, Tagesausflügler, ganze Familien und Einzelwanderer. In diesen Trubel müssen wir nicht mehr, es kommt aber anders (S. 70). Die Dreizinnenhütte im Blick geht es dann plötzlich steil bergab, über 200 m runter, ein riesiges „Loch" erstreckt sich zwischen uns und dem nahen Ziel. Der Endspurt ist langwierig, fast 400 m Anstieg noch. In der **Drei Zinnen-Hütte** kommen wir jetzt problemlos unter.

Nebel quellen zwischen den Drei Zinnen durch, weißlichgraue Watte im Widerschein der untergegangenen Sonne. Die fahle Helligkeit von Westen ist so stark, dass die bizarren Zinnen und sonstigen Bergformen sich plastisch herausarbeiten, eine eigenartige Stimmung, die ich schlecht in Worten wiedergeben kann, dezent-abendlich, kein Auftrumpfen mit Gold, Rot und Schwarz. Mehr Claudius'sch.

♣

Aufwachen. Blick aus dem Fenster. Eine strahlende Bergwelt. Frühstück: Drei Tassen Kaffee, dazu Müsliriegel aus dem Rucksack, mehr gibt's nicht. Uns ärgern immer wieder die zwei Brötchen oder Weißbrotscheiben mit den winzigen Butter- und Marmeladepäckchen. Abfallproduktion. Dabei ist man auf den Hütten gerade in diesem Punkt pingelig: Es gibt keine Papierkörbe, statt dessen Aushänge, dass man gefälligst den mitgebrachten Unrat selbst wieder ins Tal zurücktragen möge.

Abstieg über den regulären Höhenweg 4. Eine wahre Hühnerleiter, steil, fast ohne jeden Absatz, man bedauert die vielen Leute, die hier hochgekrauchst kommen. Gut dass wir auf dem Hinweg die empfohlene Variante 1 gegangen sind. Einkehr in der Dreischusterhütte.

Fahrt nach Lienz und aktive Anteilnahme am Freitagsmarkt, heimische Spezialitäten und Feinkost, wir kaufen Wurst, Schinken, Spaghetti und Käse ein, Inge lässt sich zu einem flachrunden Zehnpfünder-Kümmelbrot hinreißen!

Nach Anmeldung des Nachtlagers durch die Touristeninformation für die Lucknerhütte am Großglockner verfügen wir uns nach Kals, stellen den Wagen auf dem Parkplatz ab und steigen wie gewohnt mit Rucksack und allem wieder auf, 300 Höhenmeter.

Die **Lucknerhütte** bietet ein überaus gepflegtes Ambiente, freundlicher Empfang und sehr gutes Essen eingeschlossen. Das Matratzenlager ist wahrhaft luxuriös. Von den vielen Wandermöglichkeiten wählen wir am nächsten Tag die zur Gloserhütte (mit Abstieg direkt zum Parkplatz). Aufstieg von 2200 auf 2600m, toller Blick auf den Großglockner und seinen Süd-Gletscher. Wanderung auf der Höhe quer herüber mit Leitern und Drahtseilen. Noch einmal alles drin. Von der Hütte aus kann man Dolomiten und Zentralalpen gut vergleichen, die einen hell-pitoresk, die anderen weitläufiger und ruhiger, gewaltig alle beide.

Nach den Kaas-Buchweizen-Nocken und dem Holunderblütenwasser geht es endgültig hinab und via Ingolstadt (Stadtbummel) nach Hause.

Ingolstadt: Ein Stadtfest ging zu Ende, die Aufräumarbeiten waren in vollem Gang. An einer Litfasssäule ein ansprechendes Plakat, das für eine Serie von SPD-Veranstaltungen warb unter dem Motto: Vorwärts und nicht vergessen. Das jemand das noch kennt!

♣ ♣ ♣

## Länger, höher, weiter
Weinheim und DHW 2 bis San Martino, 2005

1. Station - Weinheim/Bergstraße
Diese Wanderung begann sozusagen in Weinheim an der Bergstraße. Denn wir hatten etwas Sorge, dass wir den Schwierigkeiten des Höhenwegs von Brixen nach Feltre nicht gewachsen sein könnten: Wie auf den beiden vorigen Wanderungen gibt es nämlich auch hier Klettersteige, aber laut Büchlein schwierigere. Darauf wollten wir uns vorbereiten, statt wie beim letzten Mal Umwege zu gehen
Dem Alpenverein gelang es, Inges rechtzeitige Anmeldung zu einem Klettersteig-Training fehlzuleiten. So musste ich bei der Sektion mal selbst vorsprechen. Und da traf ich auf einen alten Bekannten aus den 70er Jahren, damals Student. Ich erkannte ihn gleich trotz der inzwischen grauen Haare, erinnerte mich auch an den Namen. Wir sahen uns an, zögerten, gestanden uns aber bald gegenseitig ein, dass wir uns kennen. Und Klaus bot sofort an, für Inge und mich sowie einige andere einen Extra-Übungskurs einzulegen.

Was ist ein Klettersteig oder „Eisenweg" (via ferrata)? Das ist eine Wegstrecke, die so exponiert ist, dass sie mit Stahlseilen zum Festhalten und an Steilstellen mit Eisenleitern gesichert wird. Aber die Möglichkeit besteht, aus Versehen oder Ungeschick loszulassen und abzurutschen. Deshalb sollte man sich mit Karabinerhaken und Gurten in den Stahlseilen einhaken, die einen im Falle eines Falles halten können. Das Anlegen der Gurte und das Ein- und Aushaken wollten wir vorher üben. Dazu nun der Steinbruch bei Weinheim, die „Jakobswand". Dort, hoch in der Felswand, sahen wir allerdings keinen Steig oder Steg, nur die üblichen Drahtseile. Etwas tiefer unter den Seilen statt Pfad eine etwas lückenhafte Reihe von großen Metallstiften, die in den Fels „genagelt" waren. Auf diesen Nägeln mussten wir dann entlang gehen, von Stift zu Stift, mit langen Schritten an der senkrechten und manchmal auch überhängenden Wand, im Seil eingehakt und mit eigener Kraft gehalten, und uns nach wenigen Metern wieder aus- und einhaken für den nächsten Abschnitt. Manchmal fehlten auch Stifte, dann hatten die Füße nach Spalten und Ecken im Gestein zu suchen. Oder wir mussten die Füße gegen die Wand stemmen und uns einfach so weiterhangeln. Und dabei immer schön die Haken im Seil mitführen. Wir hatten wirklich alle Hände voll zu tun, waren so mit den Haken und dem Festhalten beschäftigt, dass Höhenangst oder Schwindelgefühle nicht aufkommen konnten. Wenn es mal nicht weiterging und ich Zeit hatte, um mich herum und hinunter zu gucken – da konnte ich feststellen: die Tiefe stört mich nicht. Auch Inge hielt gut durch, obwohl sie manchmal nicht so große Schritte machen kann. Diese Hangelei kostete ganz schön Kraft, am Montag konnten wir vor lauter Muskelkater die Arme kaum heben. Und Inge hatte sich beide Hände am Stahlseil aufgescheuert. Deshalb und wegen der Kälte im Gebirge besorgen wir uns nun Handschuhe.

Schön, einen Vater mit seinem etwa zehnjährigen Jungen beim Klettern in der Wand zu beobachten, der mit Stolz und Begeisterung dabei war. Wie anders als bei denjenigen, denen außer ihrem elektronischen Kram nichts geboten wird. Und wir, wir staunen über uns, was man alles noch lernt auf die alten Tage. – Erfreulich oder nicht, nach genauerem Studium des geplanten Höhenwegs 2 kommen anscheinend die hier erprobten Schwierigkeitsgrade nicht vor! Fraglich, ob wir die geliehene Ausrüstung tatsächlich brauchen werden. Wir werden ja sehen.

2. Station – Von Brixen bis S. Martino di Castrozza
Herrliche Berge, sonnige Höhen ... – ist es nicht immer dasselbe, und muss ich nun auch noch diese Wanderung nachträglich festhalten? Ganz anders als beim letzten Mal war es nicht, aber anders genug. So gab es bisher am jeweils ersten Tag der Wanderungen entweder einen kleinen Schneesturm oder eine Schauer bevor dann die Sonne unaufhaltsam schien. Diesmal bezog sich der Himmel schon am Vortag. Schon im Inntal und jenseits des Brenner in Brixen goss es. Dabei wollten wir doch sofort mit Hilfe der Seilbahn auf 2000 m hoch und dann zur Plosehütte laufen! - Trotz Regen hatte ich einen guten Eindruck von **Brixen**, viele schützende Arkaden in der Altstadt, freundliche und hilfreiche Touristeninformation. In S. Andrea an der Talstation erfuhren wir, dass die Bergstation (Kreuzjoch) mit einer Unterkunft verbunden sei. Also fuhr Hiltrud wegen des immer stärkeren Regens den Wagen zum Ausladen und Umkleiden dicht an das Gebäude heran, und schließlich ging es mit uns als einzigen und letzten Fahrgästen hinauf in die Berge. Unterwegs bekamen wir etwas Sicht über das verschleierte Eisack-Tal. Oben große Überraschung. Kein Regen mehr, Sicht durch verschiedene Wolkenschichten auf Schlern, Platt- und Langkofel und weitere unbekannte Höhenzüge. Also auf! Für den Weg bis zur **Plose**-Hütte (2500 m) brauchten wir trotz eines kurzen Schauers einschließlich Anlegen der Regenkleidung genau die „vorgeschriebenen" anderthalb Stunden. Wir waren dann die einzigen Gäste.

Der nächste Tag begann mit dichtem Nebel. Das seit einer Woche im Wetterbericht kritisch beäugte Genua-Tief saß offenbar hier in den Bergen immer noch fest. Aber! Die Wolken lichteten sich mehr und mehr, Bergspitzen, Kämme und Hänge wurden frei, was unsere nachdenkliche Stimmung optimistisch belebte. Ein erhebendes Gefühl überkommt einen während einer solchen Entwicklung. Beim langen Abstieg zum Übergang über die Peitlerscharte das nächste Neue: Mein linkes Knie begann sich „schrittweise" zu melden. Meniskus oder der Tibiakopf oder beides oder gar Arthrose? Das sollte leider die ganze Zeit unterschiedlich stark so bleiben, aufwärts kein Problem, aber auf ebener oder abschüssiger Strecke unangenehm; das Folgende darf man sich, was meine Eindrücke angeht, alles von Knieschmerz untermalt vorstellen.

Bis zum Mittag haben wir einen schönen Blick auf die Aferer Geißler und den Peitler. Beim Weg in einer Scharte von 1850 m auf 2350 hinauf beginnt es so zu nieseln, dass wir uns wieder das Regenzeug anziehen müssen, für mich immer etwas umständlich, ich zögere oft zu lange damit. - Nur wenige Meter hinter und unterhalb vom Pass liegt dann, wie schön, die **Schlüter**-Hütte (2300 m). Sie ist gerammelt voll, wir haben uns vorausschauend angemeldet. Es ist reichlich eng im Schlafsaal. Andererseits wird bei einem solchen Wetter morgen die Puezhütte wohl deutlich leerer sein!

Nun haben wir auch noch einen dritten trüben Tag. Na so was, wieder etwas Neues. Drei Regeneinschübe, dreimal die Regensachen an und aus. Wenig Sicht auf die Bergwelt, wir wissen nur aus der Beschreibung im Büchlein, dass sie wieder „prächtig" ist. Der Anstieg zur Furcella di Roa auf 2600 m zieht sich relativ sanft hin und wird erst am Ende steil. Schotter. Dann wählen wir bei zaghaftem Sonnenschein ohne viel Sicht die Variante 2c - mit Klettersteig! Es geht zunächst unter hohen Felswänden entlang auf den Nievespass zu (2790 Meter), hinter mehreren Wandergruppen her, zuletzt dann steil empor mit Stahlseil und Leitern. Das Training in Weinheim macht sich positiv durch zügiges Klettern und wenig Ängstlichkeit bemerkbar. – Den Weg über die Hochfläche Richtung **Puez**-Hütte (2400 m)

kennen Inge und ich schon von einem früheren Ausflug her. Schön das Wiedersehen, nur dass bald alles im kräftigen Regen und Nebel untergeht. Ich trödele wegen meines Knies ziemlich hinterher, bin froh, als das Grummeln des Generators mir die nahe Hütte aus dem Nebel heraus akustisch anzeigt. Auch sie ist voll, einige Leute kennen wir schon von gestern her. Nach der bestellten Abendsuppe erhalten wir noch als Gabe des Hauses „etwas zum Knabbern", eine große Schale mit trockenen Anis-Brot-Würfeln. Dabei erholen wir uns wie gestern bei Rotwein und Quellwasser.
Wie gestern auch der Schlafsaal schön voll, trotz Stolpergefahr muss ich raus, stelle beim Blick aus dem Fenster eine sternklare Nacht fest.

Herrliches Sonne-und-Wolken-Wetter mit ungehindertem Blick. Die Puezgruppe hatten wir bisher stets bei Schlechtwetter erlebt und nun: frei und besonnt! Inge ist beim Wandern bergauf und bergab immer mehr mit Hiltrud zusammen, während ich den Schluss bilde. Crespëina-Pass (2500 Meter), Cir-Pass und dann Blick aufs Grödner Joch, bestens vom Skifahren bekannt. Jenseits des Tals, des Jochs, drüben die Sella. Da müssen wir rauf! Vom Joch aus geht es zunächst an der unteren Stufe des Massivs entlang, dann steil und lange, lange über einen Schotterstreifen hinauf und hinein in die Sella. Zum Schluss auch noch ein Klettersteig. Leider wird der Genuss daran getrübt durch den Hinweis einer Wanderführerin, hier doch ja die Klettergurte anzulegen. Hiltrud ist zu ihrem Vorteil nicht folgsam, aber Inge und ich machen uns umständlich mit dem „Zaumzeug" zu schaffen. Wozu schleppen wir es denn mit! Mit dem korrekten Anlegen klappt es nicht so recht, bei Inge gar nicht, so dass sie sozusagen mit hängenden „Textilien" die harmlose gefährliche Stelle meistert. Nach Überwindung der Scharte (2600 Meter) stehen wir auf der Hochfläche des Sella-Sockels. Es ist kalt geworden. Der Blick Richtung Alta Badia-Tal (Skiferien) und Fanes-Sennes-Gebiet (Wanderung 1) überwältigend! Im Osten drängen von der tiefstehenden Sonne angestrahlte Wolken zwischen den Bergen durch, darüber tiefblauer Himmel. Tränen kommen einem in die Augen: Dass man das erleben darf. Erst die Leistung, dann dieser Blick, exponiert auf einem Dach der Welt. Das bekannte Skigebiet tief unter uns, auch unsere Ski-„Abendhütte" unter dem Sassongher zu sehen, oberhalb von Colfosco.

Die **Pisciadú**-Hütte (Zeichnung S. 88) ist nicht ganz so voll, alte Bekannte sind wieder da, mit denen wir ins Gespräch kommen. Andere bringen uns ein Kartenspiel bei, das sie gerade von Engländern gelernt hatten, shit-head oder shit-hat, das sogar ich kapiere und bei dem ich aus zwei von drei Runden erfolgreich hervorgehe. Glück oder Rotwein?
Ein Tag der Superlative! Neun Stunden Fußmarsch, Sonne, Sella-„Oberstock". Beim Aufstieg auf das Hochplateau merkt man die Mühe kaum, Blick in der Hochgebirgssonne auf Sassongher, Lagazuoi, Croda da Lago, M. Formin und andere alte Bekannte. Rund um die Bamberger Hütte (2900 m) eine wahre Mondlandschaft, die Wanderung nicht beschwerlich, mehr ein „Aufenthalt" in einer bizarren und, wenn kein wunderbarer Ausblick ablenkt, fremden Welt. Während Hiltrud den Weg über einen Gipfel wählt, nehmen Inge und ich eine Umgehung mit Steilabfall und Klettersteig. Am Beginn des gesicherten Teils finden wir einen Jungen vor, der sich gerade das „Geschirr" anlegt und uns zeigt, wie's richtig geht. Dann machen wir uns auf, die Strecke ist ein bisschen ähnlich dem Steinbruch in Weinheim, aber mit griffigem Gestein für die Stiefel. Am

Ende kommen uns zwei Alpin-Jogger entgegen, die dieses Stück wie die Bergziegen springend durchlaufen!

Der Rest des Tages besteht aus viel Latscherei und Abstiegen, Gift für mein immer noch lädiertes Knie, erst 600 m Schutt bis zum Pordoi-Joch runter mit Erinnerung an einen wunderschönen Abend und Nacht im plüschigen Glas-und-Messing-Hotel „Savoia". Dann hinauf zum Bindel-Weg: Ein alter Handelsweg – man stelle sich eine Traglast vor mit Handelsgut plus dem, was der Träger selbst zum Überleben braucht, im Vergleich zu unseren bequemen und leichten Rucksäcken. Vom Bindel-Weg ein ständiger Blick hinüber zur Marmolada, auf das Eisfeld, über das wir eventuell morgen gehen werden. Ich bin mittlerweile reichlich geh-müde, und wir müssen noch ohne Ende hinunter zum **Fedaia-See**. Als Belohnung wünsche ich mir eine Unterkunft nicht im Schlafsaal, sondern etwas Feudaleres. Wir nehmen also nicht das vom Büchlein empfohlene Rifugio, sondern streben (ich mit letzten Kräften) einem netten Hotel auf der anderen Seite der langen Staumauer zu. Geschlossen. Ein vorbeifahrender Feriengast hält an und sagt uns, dass das kleine Ristorante oberhalb auch Unterkunft anbietet. Inge erkundet die Lage, Hiltrud und ich pilgern hinterher. Der Schlafraum hat zwar nur vier Betten, bietet aber kaum mehr Komfort als das zurückgewiesene Rifugio, der größte „Komfort" ist, dass wir allein sind, den Kellertrakt mit Zimmer und Sanitäranlage für uns haben. Gutes Abendessen. Weniger erfreulich eine Überraschung, das Lokal schließt um 21 Uhr und wir müssen uns dann in den tristen Keller verfügen. Aber wir können ja lesen und sind auch müde.

Erkennbar ist inzwischen, dass dieser Höhenweg Nr. 2 anstrengender ist als der 1. und 4., längere Auf- und Abstiege, längere Strecken und Gehzeiten. Ich lerne die Wanderstöcke noch mehr schätzen als bisher. Ist der Weg aber entsprechend schöner als die vorigen? Leider gab es wegen Nebel und Regen am Anfang und am Ende, wie sich noch zeigen wird, kaum Sichtlücken – schwer zu entscheiden also.

♣

Da wir keine Steigeisen dabei haben, verzichten wir auf die Marmolada und umgehen sie östlich. Dazu müssen wir mit dem Bus in die Tiefe zur Malga Ciapela (1450 m) und anschließend zu Fuß zur Furca Rossa (2500 m) an einer Schulter der Marmolada hinauf und immer weiter hinauf. Der Waldweg ist schattig, kein Fehler, da wir spät dran sind und die Sonne kräftig scheint. Mal steiler, mal sanfter kommen wir in die Höhe, Bergwände fangen an sich zu ducken. Rechts und links Steinpilze, Butterpilze und Fichtenreizker – Inge leidet, weil wir sie nicht einsammeln und zum Braten mitnehmen können. Nach zweieinhalb Stunden machen wir gemütlich Mittag aus Hiltruds unerschöpflichen Vorräten, je einer entwendeten Frühstückssemmel und anderen Köstlichkeiten. Dann gelangen wir über die Baumgrenze hinaus. Der ins Auge gefasste grüne Sattel ist leider nicht die Furca Rossa, die liegt noch höher. Aber langsam und beharrlich erreichen wir auch dieses Ziel. Toller Blick im Abendlicht auf unbekannte Berge, bizarr. Über grüne Hänge geht es abwärts und abwärts. Inge entdeckt ein Murmeltier, es sitzt geduldig am Rand einer kleinen Mulde mit Blumen und Höhleneingang und erträgt lange unseren Anblick und ein Foto von Hiltrud, entzieht sich aber blitzschnell, als auch ich meine Kamera herausnehme. Das Rifugio **Fuciade**, mehr Hotel als Hütte, labt uns mit vielen wirklich guten originellen Bildern (Originalen) an den Wänden, sauberen Zimmern mit Dusche und einem Schlemmer-Abendessen; es gehört zu einer „Hütten"-Vereinigung, die sich der Pflege einheimischer Kochkunst widmet. Also: 1. Lachs-Scheibe auf Toast mit Salatblatt und Ricotta, 2. marinierte Rindfleisch-Scheiben auf Pilzen und Kartoffeln mit Öl und Balsamico, 3. Pilzsuppe, 4. Gnocchi mit einer Art Bolognese-Soße, 5. Schweinefleisch und Putenschenkel mit Beilage, 6. Dessert. Nach 3. war ich schon satt, bewältigte auch noch die Gnocchi, obwohl ich mit Bedauern an mein inzwischen so schön reduziertes Gewicht dachte. Bei 5. kam jemand auf die Idee, von den beiden Fleischstücken jeweils das Putenbein für den morgigen Mittag einzupacken. Hiltrud holte also einen passenden Plastikbeutel. Kam dann, nach vollbrachter Tat, zur Überlegung, dass auf den Tellern nun die Knochen fehlen und dem Personal zu denken geben könnten. Mit entschlossenem Zug wurden diese aus den Schenkeln entfernt und korrekt wieder hingelegt. Wir wissen ja, was sich gehört.

Hier treffen wir auch wieder auf „unsere" Männergruppe, die über den Marmolada-Gletscher zur Contrin-Hütte und dann noch bis hier hin gelaufen ist. Einer gibt zu: mit letzter Kraft.

Angesichts des hier anzutreffenden Hotel-Komforts: Auch die einfachen Hütten haben mittlerweile fast alle Dusche, auch warm, und die üblichen Sanitäranlagen. Es liegt an meiner Bequemlichkeit, wenn ich mich abends oder morgens nicht immer zu einer „großen" Reinigung einreihe, und an meiner mangelnden Entschlussfähigkeit, dass ich oft lange warte, bis ich mich nachts zur Klo-Expedition aufraffe.

♣

> CHI PO NON VO
> CHI VO NON PO
> CHI SA NON FA
> CHI FA NON SA
> ET COSI IL MONDO MAL VA
> A. Piceno, 1529

Ein weiterer Höhepunkt-Tag. Er beginnt mit dem schönen Spruch auf einer Tafel an einer Scheunenwand, so recht was für Pädagogen: Wer's kann, der will nicht; wer will, kann's nicht; wer was weiß, rührt sich nicht, wer was tut hat keine Ahnung – so geht Manches schief in dieser Welt. Auch mit unserem Weg geht zunächst etwas schief. Das ist uns noch nie passiert: Gleich zweimal am Morgen sehen wir ungenau in die Karte und gehen zweimal falsch. Das heißt, dass wir je 150 Meter Auf- und Abstieg umsonst machen und zwei Stunden verlieren, die wir für den weiteren langen, sensationell schönen Weg gebraucht hätten.

In Valle genießen wir im Sonnenschein und Bergwind die leckeren Putenschenkel von gestern und andere gute Restbestände und gehen dann auf die Pala-Gruppe zu. Die besteht aus besonders spitzen Bergen, wie eine Riesenhand mit einem den enormen „Fingern" gegenüber stehenden „Daumen". Unser Weg bietet ein Panorama mit immer neuen Verschiebungen der Berge gegeneinander und Rückblick auf die Marmolada mit Furca Rossa, die von hier aus tatsächlich rot ist. Nachdem wir um den „Daumen" der Pala-Berge herum sind, sehen wir M. Pelmo und die Civetta hoch über dunkle Rücken hinweg. Fern im Westen weiße Eisriesen vom Alpenhauptkamm, im Osten Unbekanntes. Leider müssen wir von der schönen 2300-Meter-Höhe wieder herunter, über ein Steinkar. Dann klettern wir mit und ohne Klettersteig wieder weit hinauf auf 2600 Meter, viereinhalb Stunden das Ganze, treffen erst um halb Sieben in der dürftigen **Mulaz**-Hütte ein. Herrliches Alpenglühen, wallende Nebel weiß und blau in den Tälern, immer wieder gehe ich vor die Tür in die beißende Kälte und sehe mir die sachten Veränderungen an.

♣

Am nächsten Morgen fast derselbe Blick wie am Abend zuvor, aus dem Fenster und der Haustür. Wabernde Nebel und Wolken in blassen Farben, über sie hinaus schauen dunkle gezackte Kämme und Gipfel wie fantastische Schiffe auf einem unbestimmten Meer. Rechts und links rahmen die nahen Pala-Spitzen im zarten Morgenschimmer das Bild ein. Wir verabschieden uns von unserem Männer-Vierer, sie wollen am Ende des Tages mit der Seilbahn von der Rosettahütte runter nach San Martino und dann ab Richtung Heimat.
Die Wolken steigen höher und höher, kriechen über die niedrigeren Pässe, gerade so hoch, dass wir öfter im Nebel stecken. Zunächst geht es mehrmals über Geröll steil hinauf und hinab, so um die 2500-Meter-Höhenlinie im Schnitt pendelnd. An einem sehr hohen Pass kommen wir weit über die Wolken. Unwirklicher Flugzeugblick. Von den Spitzen der Pala-Gruppe sehen wir danach nicht mehr viel, doch der Blick ins Tal wird frei. Dann erreichen wir einen, mal wieder, „endlosen", nur mit Gras bewachsenen Steilhang, endlos in die Tiefe, endlos in die Weite, mehrere Kilometer. In dem Hang ein sehr schmaler Pfad, oft unterbrochen von eingelagerten Felsen, die überklettert werden müssen. Ein Tritt daneben oder Stolpern und es geht unbremsbar über das rutschige Gras in den Abgrund. Sorgfalt und Geduld für jeden Schritt sind nötig. Ein Glück, dass heutzutage die Schuhe so verlässlich sind und der raue Kalkstein auch. Kleine Unebenheiten geben sicheren Halt. Aber doch gut, dass der Abhang links liegt; bei Abgründen rechts habe ich erfahrungsgemäß ab und zu mal unerfreuliche Beklemmungen. Gegen Ende dieser wohl nicht ganz

ungefährlichen und ungesicherten Strecke noch einige Klettersteige – da können wir uns anseilen. Gutes Gefühl von Sicherheit. Ganz zum Schluss landen wir in einem absolut unwirtlichen Talkessel, graue Wände, graue Geröllansammlungen, graue Nebelschwaden, aber gemäß Höhenmesser müsste es jetzt gleich, endlich, „um die Ecke" zur Rosettahütte (2700 m) gehen. Aber der Weg führt weiter aufwärts und weiter aufwärts. Eigenartig. Vielleicht ist es der Wetterumschlag, der den Höhenmesser, mein schönes Wander-Spielzeug, irren lässt? Denn es wird immer düsterer, ein intensives Dunkelgrau. Aber die geräumige und angenehme Hütte kommt! Weitgehend konkurrenzlos können wir uns breit machen, die Rucksäcke absetzen, ich bestelle eine Tasse Schoko-diesunddas (mit Cognac) ...

... aber das Genua-Tief ist offenbar wieder da. Nein, morgen im Regen weiterwandern, das wollen wir nicht. Ich wäre ja gern in diesem gastlichen Haus über Nacht geblieben, aber Inge und Hiltrud nicht. Aufgepackt so denn nun also, mein Sokrates, auch wenn's schwer fällt. Wir tappen durch dichten Nebel der Seilbahnstation zu und erreichen gerade noch die letzte Fahrt. Senken uns sanft hernieder auf einen in meinen Augen eher hässlichen Ferienort, **San Martino di Castrozza**. Um diese Jahreszeit ist der Ort anscheinend „leer", kaum ein Mensch zu sehen. Laut Tafel vor der Touristeninformation sind fast alle Hotels und Pensionen „besetzt", nämlich geschlossen. Aber es gibt noch ein aufnahmewilliges Garni. – „Unsere" Männer sind zwei Häuser weiter ebenfalls untergekommen. Ein zunächst geplanter gemeinsamer Schluck Rotwein kommt wegen Müdigkeit nicht zustande.

Aber wir drei finden trotz Müdigkeit und nach sorgfältiger Umschau unter den vielen geschlossenen Lokalitäten eine freundliche Pizzeria: Der Raum ist schön warm, das Angebot verlockend, die am Ofen sichtbar werkenden Bäcker erwecken Vertrauen, so dass auch Inge, ansonsten strenge

Spaghetti-Alio-e-Olio-Fanatikerin, sich zu einer der herrlich belegten Pizzen entschließt. Meine mit Ricotta und Spinat – eine wahre Magenfreude.

♣

3. Station - Endspurt
Am nächsten Morgen lassen sich zwar die Pala-Spitzen sehen, aber von gutem Wetter kann nicht die Rede sein. So bedauern wir den Abbruch der Wanderung nicht. Von S. Martino müssen wir erst mit dem Bus nach Bozen, von dort mit der Bahn nach Brixen. Bei der Busfahrt kriegen wir die charakteristischen ländlichen Höfe zu sehen, Steinmauern und weiße Wandflächen. Aber aus diesem Stil geht offenbar auch die unerfreuliche Bauweise in S. Martino hervor, Steinquader und weiße Wände, aber derart protzig und oft so geschmacklos, dass man sich wundert, wie aus annehmbaren Bauernhöfen ein so abweisendes Stadt-Ensemble entwickelt werden konnte. Vielleicht sehen das andere anders, nämlich positiv?
In Bozen, bei der Suche nach dem Bahnhof, treffen wir zum letzten Mal auf die Männer, verabschieden uns noch mal. In Brixen gelingt es uns, den direkt vor dem Bahnhof abfahrenden letzten Bus zum Standort vom Auto in S. Andrea zu verpassen, weil wir zum entfernten Busbahnhof pilgern. So nehmen wir ein Taxi und erfahren von dem alten Fahrer Interessantes aus dem Bergsoldatenleben - eine Wunderspritze im Spätherbst, und in den winterlichen Schnee- und Kältestrapazen kriegt keiner Schnupfen oder Grippe!
Heimfahrt nach Norden. Der Sonne entgegen.

Nachtrag: In Gießen wollte Inge die leckere Vorspeise von der Fuciade-Hütte nachkochen. Die Servierin dort hatte auf die Frage, aus welchem Körperteil die feinen Rindfleischscheiben stammen, sich in die Wange gekniffen. Beim Metzger hier konnte Inge zwar Rinderwange bestellen, musste aber nach zwei Tage Wartezeit erfahren, dass in der Europäischen Gemeinschaft keine Teile vom Rinderkopf in den Handel kommen dürfen, die Köpfe müssen komplett wegen BSE entsorgt werden. - Vielleicht hat man in der Fuciade auf die eigene Rinderherde vorm Haus zurückgegriffen und war von daher dispensiert? Aber was steht ein Jahr später in Amöneburg auf der Speisekarte: Rinderwange.

Cinque Torre

## Auf-ab-auf, Hütte oben drauf
DHW 9 von Bozen bis Sexten, 2007

Anlässlich der vorigen Tour kamen mir die ersten Zweifel, ob ich denn jede Bergwanderung schriftlich festhalten muss: Immer dasselbe!? Aber ich begeistere mich jedes Mal aufs Neue, und jetzt scheint mir diese Wanderung besonders anders und neuartig, subjektiv wie objektiv: Die Dolomiten Höhenwege führen von Norden nach Süden, nur Nr. 9 quer dazu von Westen nach Osten. Dadurch gelangt man häufiger an Pass-Straßen. Das heißt, wir mussten öfter Auf- und Absteigen als auf den bisherigen Höhenwegen, fast immer an die tausend Höhenmeter, sowohl rauf als runter an einem Tag. In unserem Alter. Weiterhin hatten wir nur schönstes Wetter, strahlende Sonne und kühlenden Wind. Auch erreichten wir mit dem Piz Boé den absoluten „Höhepunkt" aller dieser Wanderungen – er ist über 3000 Meter hoch. Und, letzte Andersartigkeit, in der Zwischenzeit hatte ich ohne Zutun eines Orthopäden meine Knie durch fleißiges Training mit dem Therapiekreisel beruhigt und konnte deshalb nun endlich schmerzfrei mithalten.

♣

1. Bergauf
Inge stellt im Internet fest, dass ab Freitag den 7. September in Bozen und Umgebung bis auf weiteres schönes Wetter herrschen soll! Also packen wir Hals über Kopf die Rucksäcke. Ich habe Packlisten im PC für unterschiedliche Zwecke zur Hand – Camping, Skiferien, Tropen und Bergtouren. So kann auch ich, nicht nur Inge, rechtzeitig fertig

werden in der berechtigten Hoffnung, nichts Wichtiges vergessen zu haben. Wir lassen die Nuss-Ernte im Stich, die gerade jetzt mit täglich mehr „Niederschlag" beginnt, mehr als fünfzehn Nüsse pro Tag

Am Abend sind wir schon in Forchheim. Dort holt uns am Samstag Hiltrud ab und bringt uns gut und glatt durch den deutschen Sommerregen. Ab Garmisch und erst recht ab dem Brenner haben wir dann den versprochenen Sonnenschein. Am Spätnachmittag erreichen wir **Tiers** bei Bozen, zu spät um noch den Aufstieg zur Grasleitenhütte wagen zu können. Da an Wochenenden Italiener wie Münchner gern mal schnell in die Berge flitzen und da außerdem der diesjährige Dauerregen in den Nordalpen viele Touristen nach Süden vertrieben hat, ist Tiers, in der Nähe der Seiser Alm, reichlich voll mit Touristen. Wir bekommen nicht sofort Unterkunft und müssen bei verschiedenen Herbergen nachfragen. Eine schickt uns zu einer freundlichen Pension, die noch ein Zimmer frei hat. - Auf der Grasleitenhütte sind wir für den Sonntag angemeldet und würden da also keine Probleme haben. - Auf dem Balkon unseres Zimmers lassen wir es uns in der milden Abendluft und mit Aussicht ins Tal bei einem Wein und unserer Wegzehrung gut gehen.

Das Auto können wir hier stehen lassen. Der Hausherr fährt uns mit seinem Wagen am nächsten Morgen auf den höchst gelegenen Parkplatz des Ortes (1.300 Meter) mit Zugang zum Wanderweg. Trotzdem haben wir noch genug zu steigen! Von da geht es zunächst aber gemütlich durch schattigen Wald ins Tschamin-Tal, im herrlichen Frühlicht. Als wir den ersten der Vajolet-Türme sehen, hoch über einer schönen Waldwiese mit einem Marterl in einem kleinen Gärtchen, wird uns klar: Hier waren wir schon einmal, damals als wir noch bloße Tageswanderungen machten. Gegen Mittag erreichen wir die Baumgrenze. Mit Blick hinunter auf die Grasleiten-Hütte und auf die weißen

Gipfel der Zentralalpen weit am Horizont packen wir aus, was wir an Gutem im Rucksack haben. Später, an einem Rifugio im dunklen Bergschatten, ist es so zugig und der Wind so eisig, dass wir uns nicht einmal zum Trinken niederlassen. Bleiben wollen wir nicht, sondern gleich weiter zur Tierser Hütte. Anders als sonst sind wir auf dem Pfad nicht allein, vor uns und hinter uns Grüppchen, davon mehrere mit Hund; ein Hund trägt sein Fressen in Satteltaschen mit sich. Ob wir oben in der Hütte Platz finden? - In einem gigantischen Schotter-Kar geht es steil aufwärts. Lange und langsam. Hiltrud vorweg. Die unglaublichen Mengen an kleinen und größeren Schotter-Brocken stimmen mich nachdenklich; so also werden die Berg-Riesen noch im Wachsen (Schub von Afrika) bereits langsam wieder abgetragen, zerschrotet und zerkleinert ins Tal und von dort ins Meer verfrachtet! Die enormen Grate und die Senken dazwischen, hoch über uns, erinnern mich an das Hinterteil einer überdimensionalen Milchkuh, bei der die Beckenknochen raustehen. Von einem Sattel in 2600 m Höhe gelangen wir abends zur **Tierser** Hütte (2.440 m). Viermal den Eiffelturm hinauf gleich am ersten Tag! Die Hütte ist gut besucht, aber wir kommen ohne Probleme unter.

♣

Am zweiten Tag haben wir es leichter, wir wandern an den Randhöhen der Seiser Alm entlang nach Osten, den Friedrich-August-Weg. Zunächst unterhalb der so genannten Rosszähne; es muss ein elender Gaul gewesen sein, der den Namen für diese bröckeligen Spitzen abgab. Wir haben wieder viele „alte Bekannte" vor uns, Pelmo, Langkofel, Sella, nur die allerhöchste Spitze kennen wir nicht. Ab und zu haben wir einen Durchblick nach Norden über die Wiesenflächen der Alm hin auf den Alpenkamm zu und auf

Puez- und Geisler-Gruppe. Der blaue Himmel spannt sich wolkenlos über uns, durchkreuzt von weißen Kondensstreifen der Flugzeuge. Der Weg ist ohne bedeutende Steigungen, so dass wir uns ganz dem Grüßen widmen können: Viele Grüppchen von Grüß-Gott- oder Buon-Giorno-Leuten. Mir wird bewusst, dass ich oft versuche zu erraten, welche Grußform passen könnte, bayerisch, italienisch, deutsch, entschließe mich dann doch zu meiner eigenen Form: Guten Tag. Der Weg heute ist lang, und allmählich hat sich der monumentale Gipfel von heute früh als Seitenansicht der Marmolada ge-outet. Dann taucht endlich der eisgraue Elefantenrücken des Plattkofel auf, daran müssen wir noch vorbei und bis zum **Sella-Haus**. Ein etwas muffliger Vertreter des Alpenclubs bietet uns Matratzenlager in einem kleinen Extrahäuschen an der Pass-Straße an, eng, kalt, unfreundlich; wir lehnen ab und nehmen einen angenehmen größeren Raum im Hauptgebäude, haben ihn sogar für uns allein. Der große Aufenthaltsraum ist weniger gemütlich, außerdem zieht sich der Himmel zu!
In der Nacht werde ich von starkem Rauschen wach, Wind oder Regen? Dann blitzt und donnert es ein paar Mal. Am Morgen zeigt sich die Bergwelt in der Morgensonne zart angegraut – es hat leicht geschneit! Wie passend für mich die Distichen von Goethe:
War doch gestern dein Haupt noch so braun (bzw. blond) wie die Locke der Lieben,
Deren holdes Gebild still aus der Ferne mir winkt;
Silbergrau bezeichnet dir früh der Schnee nun die Gipfel,
Der sich in stürmender Nacht dir um den Scheitel ergoss.
Es gibt noch ein weiteres Gedicht von ihm zu diesem Zusammenhang, das habe ich noch nicht gefunden.

♣

2. Der Gipfel – 3150 Meter

Wir ziehen zunächst die Pass-Straße nach Süden hinunter in die Baumzone hinein und biegen dann in das Lastiès-Tal ein: Der Sella-Stock hat mehrere solche Zugänge, in denen man zwischen den mächtigen Felsbastionen aufsteigen kann. Der Pfad ist steil, ich finde endgültig zu meiner Position beim An- und Absteigen. Hinten. Obwohl meine Knie wie gesagt völlig in Ordnung sind. Dieses Nachzockeln beeinträchtigt mein Seelenleben nicht, bin mit mir und meinem Tempo im Reinen. Das Atmen fällt mir schwer, so als ob ich zu wenig Sauerstoff abkriege. Außer uns ist heute nur noch eine andere Gruppe unterwegs und überholt uns, ebenfalls ältere Leute, aber offenbar besser trainiert. Ab 2.600m Höhe treffen wir auf den Schnee. Glücklicherweise schaut der Schotter durch, man hat guten Halt. Die kleinen Polster der Bärentraube am Wegrand bestehen aus vielen kleinen „roten Ohren" mit Reif an den Rändern, durchscheinend im Licht. - Noch vor der Bamberger Hütte erreichen wir 2.850m, sind weit über die Vegetationsgrenze hinaus gelangt, allein mit den Steinen und Hochflächen. Der Hütten-Chef empfiehlt uns die winzige Hütte seiner Tochter, oben auf der Boé-Spitze, die sich um nochmals 400 Meter erhebt. Wir wollen aber weiter zur Kostner-Hütte auf der anderen Seite der Sella, die schon am Abstieg zum jenseitigen Pass liegt. Aber der Weg dahin führt über die Boé-Spitze. Immer höher gelangen wir also, die Welt versinkt um uns her, bald wird mir nach Mt. Everest zu Mute; an manchen Stellen liegt auch wieder Schnee und der Anstieg wird immer steiler. Kurz vor der Hütte zweigt unser Weg ab. Aber genau hingesehen auf das Schild habe ich nicht. Hoffentlich haben das Inge und Hiltrud getan. Allmählich fühle ich mich unsicher, ob dieser kaum sichtbare, exponierte und beschwerliche Pfad überhaupt ein Pfad ist. Er zieht sich oben schroff auf einem schmalen Felsengrat entlang, mehrfach kann ich Inge und Hiltrud als Silhouetten über mir gegen den Himmel sehen oder hart am Fels klebend. Abgesehen von den Beschwerlichkeiten, das muss ich einschieben, lockt mich der Anblick des Berggipfels mit Hütte. An einer besonders schwierigen Stelle verlassen mich Mut und Lust, und anstatt ordentlich und streng sachlich den Umschwung meiner Gesinnung mitzuteilen, fange ich an zu meckern und zu nörgeln, bleibe stehen wie ein störrischer Esel und sehe mir die zwei Frauen hoch über mir auf einem Fels entnervt an: Da möchte ich wirklich nicht entlang klettern! Die beiden geben nach, und so mühen wir uns über den Kamm zurück und hinauf bis wir auf der kleinen Plattform vor der **Piz Fassa**-Hütte stehen: 3153 Meter hoch. Der höchste Punkt weit und breit mit totaler Rundumsicht. Die abendliche stille Welt liegt zu unseren Füßen, „entzündet alle Höh'n" von der tiefstehenden Sonne. Unser spitzer Boé-Gipfel wirft einen langen dunklen Schatten als Riesen-Dreieck mit Spitze von uns weg weit nach Osten über die anderen Berge und Hänge. Fast bis zum Horizont. Direkt unter uns die breiten Rücken der verschiedenen Sella-Plateaus. Die Einschnitte hier und die Täler in der Ferne füllen sich allmählich mit Dunkelheit. Das Schattendreieck des Boé, auf dem wir stehen, reicht mittlerweile bis zum Horizont und fällt genau neben die hohe, noch beleuchtete Antelao-Pyramide, so dass zwei regelmäßige Dreiecke sich gegen den Himmel abzeichnen, ein dunkles und ein helles. Schließlich ragt unser schwarzer Schatten bis in die Dunstschicht am Horizont hinein und über die Erde hinaus. Wir selbst, als unsichtbares Teilchen im großen Berg-Schatten, werfen unsere Spur in den Himmel hinein sozusagen – unvergesslich. – Oft überfällt mich in solchen Augenblicken unversehens die Erinnerung an meine Freunde und an meine Eltern, die nie mehr solche Momente erleben können – eine Mischung von Trauer und Erhebung.

Inge ist an Bergbesteigungen gar nicht interessiert und ich meistens nur, wenn ein Gipfel in eine Wegstrecke eingebaut ist, also Teil des normalen Fortbewegens. Andererseits packen mich solche „Weltraum-Augenblicke" wie auf dem Piz Boe fast nur in der Höhe, hier oder auf dem Adam's Peak (Sri Lanka) oder dem Haleakalá (Hawaii), möglichst bei Sonnenuntergang oder –aufgang wegen des Schattendreiecks. Die Beschreibung einer solchen Schattenpyramide habe ich bisher nur beim berühmten Entomologen J.–H. Fabre gefunden - vom Mt. Ventoux .

Hier und jetzt in der stabilen kleinen Fassa-Hütte grüßen wir die Wirtin von ihrem Vater unten auf der Bamberger Hütte, und werden mit den Besonderheiten der extremen Lage vertraut gemacht. Es gibt keine Quelle hier oben, alles Wasser muss mit dem Hubschrauber gebracht werden und friert außerdem in dieser Höhe nachts ein. Aber gemütlich ist die Hütte, freundlich die Leute, das Essen wärmt und die Lager sind nicht zu dicht belegt. Aus der Luke sehe ich in der Nacht einen Ausschnitt vom Himmel, die Sterne leuchten mächtig, ich kann gerade noch Stier und Siebengestirn erkennen. Außerdem finde ich unten neben dem französischen Abtritt einen Eimer Wasser vor, weil, wie angekündigt, die Spülung nicht geht.
Und noch etwas: Auf den Buckeln der Sella wurde mir bewusst, was ich von Anfang an bei dieser Wanderung in den Dolomiten anders erlebt habe als früher. Zwar habe ich schon öfter die „Schutt"-Haufen am Fuß der Berge erwähnt, die Berge selbst aber eher als imposantes helles Insgesamt gesehen, das sich vom meist blauen Himmel so schön abhebt. Nun aber zeigt sich die Oberfläche der Türme und Rücken bei genauer Hinsicht stark angenagt von den Zähnen der Witterung: Grob, zerfurcht, mit Schorf und Grind bedeckt. Vielleicht geht diese „Entdeckung" von meinem eigenen Alterungsprozess aus?

3. Hinunter und immer weiter

In der Morgenfrühe ist die Welt noch dunkel. Nur einige Berggipfel „spitzen" im wahrsten Sinn des Wortes hervor, werden von der Sonne beleuchtet. Im Osten ein ziemlich breites Gelände-Loch aus Dunkelheit, jenseits davon die Heiligkreuz- und Fanes-Gruppe mit der Lagazuoi-Spitze, zu der wir mindestens hinwollen wenn nicht weiter. - Das Frühstück ist im Vergleich zu der mickrigen Neun-Euro-Semmel anderwärts besonders gut und reichhaltig; auch das erfreut das Herz.

Auf der Ostseite des Boé liegt mehr Schnee als auf der Westseite, von der wir gestern Abend gekommen sind. Es ist also etwas rutschig in der Morgenkälte, so dass wir sehr vorsichtig und Schritt für Schritt hinunter gelangen bis zu einer Scharte, die noch steiler ist. Aber schneefrei. - Auch Absteigen ist kräftezehrend: Was man sonst bergan hinaufstemmt, muss man bergrunter abfangen, ich also mit meinem Sieben-Kilo-Rucksack etwa 90 Kilo bei jedem Schritt. Wumm, wumm. Seitwärts glänzt („gleißt" müsste es heißen) der Marmolada-Gletscher, eingegrenzt von schwarzen Felszähnen wie mit einem Zaun. An der Kostner-Hütte machen wir Pause, so dass ich feststellen kann, dass ich mein diesmaliges Soll im Hinterlassen von Gegenständen erfüllt habe: Die Wasserflasche fehlt. Über einige unschöne Ski-Pisten steigen wir lange runter bis auf 1.850m, ständig mit Blick auf die jenseitigen grünen Almen, aus deren sanften Wogen allein die Settsass-Felsschräge aufragt. Kurze Rast an der Dorfstraße am Pass bei Wasser und Brot und Aufschnitt auf einer Bank im eisigen Schatten eines Felsens, während einige Wanderer, die uns seit zwei Tagen „begleiten", sich auf der Terrasse des Restaurants gegenüber sonnen und womöglich einen leckeren Imbiss auftischen lassen. Nach dem etwas anstrengendem Aufstieg geht es lange auf gleicher Höhe durch lichten Wald, angenehm und erfrischend, bis zur belebten Incisa-Hütte, wo fast alle sonstigen Grüppchen von heute hängen bleiben. Wir aber gehen ohne Zögern weiter zu einer kleineren und gemütlicheren Einrichtung mit Kaffee- und Capuccino-Ausschank. Nach dieser Erholung führt uns ein recht langweiliger breiter Fahrweg zur feudalen Pralongià-Hütte hinauf. Dort bleiben weitere Wanderer hängen. Für uns ist es noch zu früh, um Schluss zu machen. Wir gehen weiter über offene Almen. Im Norden begleiten uns die tief verschneiten Kämme der Zentralalpen, vor uns die Heiligkreuzgruppe und der oder die Settsass, hinter uns Marmolada und Sella mit der kaum noch sichtbaren Boé-Hütte obendrauf. Wir müssen um die nördliche Schulter des Settsass herum und wieder bis auf 2.300 Meter hinauf, erst durch Geröll, dann wieder durch lichte Kiefern und Lärchen etwas hinunter, teils wieder durch Geröll, teils über Grashänge mit viel Gekraxel über quer liegende Felsen. Im Schnitt befinden wir uns zwar auf gleicher Höhe, realiter geht es aber doch lebhaft zu bis wir wieder auf 2.300 Meter sind – in einem riesigen Bogen Richtung Valparola-Pass. Etwas ermüdend auf die Dauer trotz schönster Sicht auf den Pass in der Abendsonne. Ehe wir dorthin kommen, müssen wir noch über einen mächtigen Gras-Buckel, dann erst erreichen wir recht schnell das Rifugio **Valparola** am Pass. Zehn Stunden Fußmarsch! Und nichts mit Lagazuoi.

Zum ersten Mal auf dieser Wanderung: Kein Platz! Die Wirtin macht uns Vorwürfe, dass wir uns nicht angemeldet haben; als wir aber wieder loszockeln, holt sie uns zurück. Ein Gast, der den Dialog mitbekommen hat, verzichtet auf sein Vier-Bett-Zimmer und zieht in eine Einzelkammer unter dem Dach um, damit wir aufgenommen werden können. Nun haben wir sogar ein Zimmer für uns!

♣

Wieder verlieren wir Höhe, müssen die Pass-Straße hinunter bis zum Einstieg in den Weg 20a. Ein Schild leitet explizit daran vorbei, die genaue Wegbeschreibung im Buch rettet uns vor Irrwegen. Langsam arbeiten wir uns einen angenehmen Hang hoch, dann durch eine Scharte in schmalen Serpentinen weiter hinauf auf die alte Höhe, anschließend über besteinte Wiesen über die Baumgrenze hinaus ins Geröll. Hier wie auf dem ganzen Weg treffen wir immer wieder auf einzelne große Kränze der Silberdistel. Einmal sehen wir seitab auch einen Flecken mit Wollgras dicht bestanden, die weißen Schöpfe im Gegenlicht. Auf der Ski-Piste unterhalb vom Lagazuoi liegt, wie anderswo auch, Heu ausgebreitet. Warum? Ist Rasen gesät und soll dadurch geschützt werden? Wir vergessen zu fragen. Wir steigen nicht bis zur Hütte hinauf sondern nur zur Forcella di Lagazuoi (2.500 Meter) und von dort an einem Tofanes-Bergriesen entlang zur Forcella Travenanzes. Von diesem Weg aus können wir im Süden unsere alte Zehn-Stunden-Tagesstrecke auf dem DHW 1 nahezu vollständig überblicken (Zeichnung S. 52): Averau, Nuvolao und Formin, davor Cinque Torre, den Pass-Einschnitt und die Croda da Lago-Spitzen. Sogar einen Zipfel vom Piz Boé sehen wir noch ganz weit im Westen hinter uns.

Von der Forcella ab werden wir durch fehlende oder unerklärliche Wegbeschilderungen und den abweichenden Text des Büchleins verunsichert; was im Text steht, taucht auf den Schildern nicht auf und umgekehrt. Wir geraten vom 404 auf den 421, den wir nicht gehen wollen, und kommen dadurch scheinbar viel zu weit nach unten ab - aber der Weg ist landschaftlich so schön, dass ich mich frage, warum man die Extratour 404 hoch oben unter den beeindruckenden Felsspitzen entlang führt, die man von da aus ja nicht sehen kann, und der einen zuletzt doch wieder auf den 421 hinunter bringt. Wollen es die Sportler einem mal wieder so richtig zeigen? - Unsere Unsicherheit fördert den Kontakt zur Bevölkerung: Italienische Wanderer können uns ein paar Mal helfen, so dass wir den Weg direkt zur Pomedès-Hütte finden, statt auf dem mühsamen Umweg über die Dibona Hütte. Hätten sie uns nicht einen Grasrücken genau angewiesen, wir hätten den schmalen, tief eingetretenen Pfad darin übersehen. Aber schon nach wenigen Metern auf diesem Pfad stehen wir vor einer senkrechten Felswand vor uns, einem Wiesenhang nach links und einem Abgrund in „Fahrtrichtung" rechts. Und jetzt? Da kommen uns von der Felswand rechts zwei Gestalten entgegen: Hier geht's lang! Über einen kaum erkennbaren Klettersteig. Wir fragen, ob man den ohne Gurte „machen" kann. Wenn die Rucksäcke nicht zu schwer sind! Wie schwer sind unsere Rucksäcke? Am Ende eines Tages, kurz vor der ersehnten Herberge nun das! - Die Felswand ist und bleibt senkrecht, nach oben und vor allem nach tief unten. Aber in den roten, weißen und schwarzen Schichten zieht sich waagerecht ein schmales Band entlang, das mit Stahlseil gesichert ist. Außerdem habe ich inzwischen Vertrauen zu den Bergstiefeln gefasst, man rutscht nicht ab, ich fühle mich sicher. Dennoch, einfach wird es nicht. Manchmal besteht das Band nur aus kleinen Felsvorsprüngen, die man nutzen kann, wenn man sich dabei gut mit beiden Händen am Seil festhält. Manchmal muss ich den Kopf einziehen, weil über uns der Fels vorkragt. Manchmal muss man sich auch mittels Seil gegen die Wand einstemmen. Hätten wir nicht den Kursus im Steinbruch gemacht, wir hätten wohl auf dieses Abenteuer verzichtet. Mit Hangeln und Festhalten habe ich so viel zu tun, dass mir ganz wie im Steinbruch keine Zeit für Ängste bleibt. Aber lang kommt mir die Strecke doch vor. An jeder Felsnase denke ich, so, da haben wir es geschafft, und dann kommt noch eine und noch eine. - Kurz nach dem Ende des Steigs liegt schon die **Pomedès**-Hütte (2.303 m). Zur Hälfte ist sie eine Baustelle, denn gerade wird re-

noviert. In einer Ecke hängt eine ältere Tafel mit Gerichten und Preisen: „Arbeitete Fleisch" gibt es zum Beispiel oder „Eier, Speck und springende Kartoffeln" und andere Spezialitäten. Es ärgert mich oft, wenn im Ausland einfache Angaben in passablem Englisch oder Französisch abgefasst sind, aber das Deutsch schlicht katastrophal ist. In Vietnam finden wir auf einer Speisekarte unter anderem „Schweineier in Mehlnassen bratene" – das scheint mir dort entschuldbar, in Europa nicht.
Bei Sonnenuntergang haben wir das schönste Alpenglühen, rosa Wände, dazwischen weiße Wolkenstreifen verteilt und Wolkenballen am Pelmo.
Noch etwas zu dem ausgesetzten Steig in der Felswand. Wie immer an den Stahlseilen eines Klettersteigs oder einer Leiter kommen mir Bedenken hinsichtlich ihrer festen Verankerung. Wie verlässlich sind sie? Innerlich überzeuge ich mich selbst damit, dass auch ein Flugzeug, in dem ich gerade sitze, abstürzen kann, aber solche Abstürze eher selten sind und nicht gerade uns betreffen müssen. Hier, wie auch manchmal sonst, kommen mir neben den Bedenken bezüglich Material auch noch solche hinsichtlich meiner eigenen Zuverlässigkeit, besonders weil der Steig nur noch aus einer Felskante bestand. Selbstverständlich „kann" ich das schaffen, aber geht das auch wirklich gut? Derselbe Trost: die Wahrscheinlichkeit von Fehltritten ist bei voller Aufmerksamkeit gering. Halte ich die Aufmerksamkeit durch? Kann ich mir selbst voll trauen? Bis jetzt ja!

♣

Früh um sieben Uhr trinken wir schnell einen Kaffee und machen uns gleich auf. Es geht nun hinunter auf Cortina d'Ampezzo zu. Bald erkenne ich das große Felsentor, durch das wir drei im Winter auf Skiern gesaust sind. Wir befinden uns nämlich auf den Pisten von Cortina. Und wieder, wie damals, werden wir durch die eigenartige Beschilderung verwirrt. Wie deutsche Autobahn-Schilder in Ballungsgebieten: Ein Fremder hat's schwer. Mit Hilfe unserer 1 : 25 000-Karte finden wir schließlich den 413 und treffen nach einigen schönen Waldwegen an der richtigen Stelle am späten Vormittag in Cortina ein. Die Stadt wirkt sonntäglich, viele Touristen mischen sich mit den Einheimischen. Wir bepackt und eingestaubt dazwischen. Ich erinnere mich, dass ich mich im Jugendalter sehr geniert hatte, wenn wir bei mancher Familienwanderung uns verschwitzt und staubig in einem Ort präsentierten; übrigens auch, wenn ich zu Hause in der Stadt als sauberer Bürger auf solche eingestaubten Wanderer traf. - An einem Automaten bemühe ich mich vergeblich um eine Auszahlung mit der Spezial-Scheckkarte, bei der keine Gebühren abgezweigt werden. Trotz Beratung in der Bank. Nach einigen Einkäufen ziehen wir in Richtung Mièrtes-Bergbahn los, denn wir wollen uns den ermüdenden Anstieg in der Mittagshitze einmal ersparen. Mühelos dank der kleinen grünen Schildchen, aber schon ziemlich angebraten von der Sonne, erreichen wir die Talstation: Die Bergbahn fährt nicht! Ich bin maßlos enttäuscht und ziehe mich in eine Ecke des daneben liegenden Lokals zurück. Nur nach viel Meckern kann ich mich aufraffen, den unschönen breiten Schotterweg zu beschreiten, den die freundlichen Wirtsleute uns weisen. Aufwärts in dieser Hitze! Und dem schönen Panorama kehren wir dabei den Rücken zu! An der Bergstation legen wir eine Rast ein und beschließen, jetzt nicht noch zur Son Forca-Hütte aufzusteigen, sondern auf gleicher Höhe zu bleiben und zu einem Hotel an der Pass-Straße Richtung Passo Tre Croci hinüber zu laufen, also den Hauptweg über den Berg zum Passo nicht zu machen. Infolgedessen haben wir müheloses Gehen durch einen schattigen Lärchenwald. Bei der Häusergruppe an der Straße, unserem Ziel, sind noch die Reste vom Touristen-

Getümmel des Tags zu erahnen, es ist immer noch was los an Autos und Motorrädern. Nur, das im Büchlein angegebene Hotel gibt es nicht mehr. Es gibt gar keine Unterkunft mehr hier! Dagegen läuft hier der Son Forca-Lift, den wir nun nehmen. Schweben über die Bäume weg von 1.700 auf 2.200 Meter, betrachten dabei die abendlichen Hänge, teilweise mit Herbstzeitlose bestreut, und freuen uns auf die Unterkunft. Wegen des Lifts, der Sonne und der herrlichen Lage des Rifugios **Son Forca** wundert es mich, dass sich das sicher zahlreiche Nachmittagspublikum bereits verzogen hat bis auf wenige. Schließlich genießen wir als einzige Gäste die warme Terrasse, die Sicht, die dramatischen Wolken, die freundlichen Wirtsleute und das spezielle Essen: Tagliatelle mit Wurst und Pilzen. Das wollen wir uns merken. – Wir spielen Canasta, aber Hiltrud hält meine unzulänglichen Bemühungen und un-spielermäßigen Kommentare nicht lange aus.

♣

4. Klettersteige in Hütte und Fels
Morgens früh werden wir auf Gemsen nahe beim Rifugio aufmerksam gemacht. In aller Ruhe ziehen sie über die magere Wiese unterhalb eines Ski-Lifts vorbei, während wir frühstücken. Sie werden sich in die Bergwände verzogen haben, wenn die ersten Leute aus dem Tal ankommen. Wir verziehen uns bald zum Passo Tre Croci, ein landschaftlich schöner Abstieg durch Latschenkiefern und dann im richtigen Wald. Vom Passo folgen wir nicht der bequemen und viel befahrenen Landstraße zum Misurina-See, sondern werden hinauf zur Forcella di Popena geleitet, ein etwas langweiliger und recht steiler Pfad, wie sich herausstellt. Zwar schnaufe ich dabei noch genau so wie am Anfang der Tour, aber mein Eindruck ist, dass die Tage zuvor etwas genützt haben, dass ich nämlich immer genügend

Sauerstoff abbekomme. Es haben sich wohl die roten Blutkörperchen anständig vermehrt, wie sich das gehört. – Unterwegs begegnen uns Berg-Jogger, wie schon ein paar Male vorher, meist Pärchen, die für einen Wettbewerb trainieren oder sich sonst fit halten wollen: Spurten bergan, und hüpfen bergab wie die Gemsen. Geht bestimmt ziemlich auf die Gelenke. - Erst von ganz oben (2.200 Meter) ergibt sich eine lohnende Sicht auf den großen blauen Misurina-See tief unter uns und die gegenüberliegenden Berge, wo wir auch das Rifugio Col de Varda erkennen können, an dem unser Weg vorbei führen wird. Ohne Überschreitung der Forcella führt der Weg wieder hinunter. Hiltrud ist weit voraus, und unten am See finden wir sie nicht trotz langer Suche. Dafür entladen zahlreiche Busse, PKWs und Motorräder ihre menschliche Fracht. Inge und ich haben ein Mittags-Rastbänkchen erobert. Vor uns etabliert sich eine lautstarke Gruppe Italiener. Aus einem enormen Picknick-Sack bekommt sie die Brote und anderes ausgeteilt. Dank Handy-Kontakt trifft jetzt auch Hiltrud ein, sie hatte abseits auf uns gewartet. Nun essen wir doch noch gemeinsam aus den Rucksäcken das Nötige. Beim Blick im Sonnenschein über den blau glänzenden See haben wir auch den Lift zum Col de Varda vor uns. Skrupellos nehmen wir ihn, denn dort oben (2.100 Meter) beginnt der anstrengende Bonacossa-Weg zu den Drei Zinnen.

Der Anfang dieses Teilstücks ist gar nicht so schlimm. Auf dem Weg vom Col aus genießen wir den Blick über die niedrigen Krüppelkiefern hinweg auf die alte Seite des Tals. Weiße Felsbrocken sperren schon mal den Weg und halten mich flexibel. Allmählich geht es höher hinauf über das Geröll einer Felsrinne in Serpentinen mit Klettersteig zur Forcella Misurina (2.400 Meter), Stahlseile rauf und runter geben uns Sicherheit. In der Schotterhalde unten sind wir (ich) über den weiteren Weg etwas unsicher. Erst nachdem wir ein ganzes Stück über die dicken Brocken aufgestiegen sind ist klar, dass nicht die halbwegs zivile Felsrinne im Süden, sondern die deutlich höhere Einkerbung im Osten unser Ziel sein muss. Ein Blick auf das Panoramafoto im Handbuch hätte das schneller geklärt. Steil, steiler am steilsten. Ich schleiche nur noch, fünfzig Schrittchen bzw. „Stufen", Pause zum Schnaufen, fünfzig Schrittchen, Pause... Zum Schluss noch senkrecht. Über zwei Leitern in der Wand erreichen wir die Forcella del Diavolo (fast 2.400m). Von dort ist es nicht mehr allzu weit und nicht mehr so anstrengend, aber ziemlich geschafft erreiche ich als letzter das Rifugio **Fonda Savio** (2.360 m). – Während des Schreibens später zu Hause beim Blick auf die Fotos von diesem letzten Teilstück ergibt sich zweifelsfrei, dass dieses weitere Klettersteige enthielt, dass es mithin doch anstrengender war, als mir spontan gegenwärtig ist. - Fonda Savio: Klein und reichlich voll. Von hier aus gehen nämlich viele beliebte Klettersteige ab, und dieses Rifugio liegt nicht weit ab von den belebten Drei Zinnen. Schließlich: Der „Klettersteig" zum Schlafraum unterm Dach ist nicht durch Stahlseile oder ähnliches gesichert im Hinblick auf nächtliche Not-Ausflüge hinunter!

Wenn jemand mich bergan schleichen sieht, könnte er denken, da leidet einer aber sehr. Das ist keineswegs so. Gerade weil ich schleiche, erscheinen mir die Anstiege nicht übermäßig anstrengend. Aber wir brauchen für die Tagesstrecken natürlich mehr Stunden als es auf den Tafeln oder im Buch angegeben ist - Hiltrud allein könnte die Zeiten einhalten. Andererseits sind wir recht zäh und ausdauernd, unsere Etappen wählen wir auf jeder Wanderung länger, marschieren viel weiter, als vorher veranschlagt.

♣

Am Morgen steckt unsere Hütte im Nebel, wie damals; die Schwaden wabern um die Türme herum und lassen ab und zu einen sonnenbeschienenen Gipfel kurz durchblicken. Den Tag über werden wir diesmal viele Wolken haben, so dass es uns auf den „heißen" Klettersteigen nicht zu heiß wird. Mit dem Schatten der Wolken macht sich jedes Mal ein scharfer, kalter Wind bemerkbar.

Weiter auf dem Bonacossaweg. Diesen Abschnitt sind wir schon einmal auf dem DHW 4 in umgekehrter Richtung gegangen, ich habe ihn damals mit zwei Sätzen abgetan (S. 30) und habe ihn leichter in Erinnerung als er sich damals tatsächlich erwies und jetzt erweist. Zwar bewegt er sich im Prinzip auf einer Höhenstufe, aber es geht mit Stahlseilen, Leitern und feucht-rutschigen Stellen ganz schön auf und ab. Mit dem Genuss der Landschaft wie früher war es diesmal nicht so weit her, ich musste mich sehr auf meine Schritte konzentrieren und aufpassen, dass ich mir an Vorsprüngen den Kopf nicht stoße. Außerdem ist mir ein Abgrund zur Rechten unangenehmer als zur Linken.- Am bevölkerten Auronzo-„Palast" mit seinem großen Parkplatz gehen wir vorbei und gleich weiter zur Lavaredohütte, wo wir zum Mittagessen ebenso unfreundlich bedient werden wie damals bei unserer Anfrage wegen Übernachtung.

Auf erstaunlich breiten Wegen wandern wir danach ohne größere Höhenunterschiede durch einen sanften Talkessel mit dem Lago di Cengia zum Büllele-Joch (2.550m) und zur Büllele Hütte. Im Hintergrund ragt der Zwölferkofel wie der Bug einer Super-Titanic auf, imposanter vielleicht als die Drei Zinnen. Dann wird die abendliche Luft eisig, die Landschaft grau. Umso wohltuender die winzige, warme und gemütliche Hütte am Weg. Eine Kindergruppe befindet sich im Abmarsch zu den Drei Zinnen und macht Platz. Auf einer Info-Tafel erfahren wir hier, dass die breiten Wege und begehbaren Rampen im Fels in dieser Gegend während des Ersten Weltkrieges von den Italienern zum Heranschaffen von Kanonen und anderem schweren Gerät gebahnt wurden: In alle diese herrlichen Berge ist die verbrecherische europäische Geschichte im Wortsinn eingegraben. – Auf dem breiten Weg gelangen wir dann recht bald zur **Zsigismondo**-Hütte (2.200 m). Die Schlafsäle sind mit Doppelstockbetten unglaublich dicht zugestopft. Wenn einmal alle Betten belegt sind, wo deponiert man dann Rucksack und Kleidung? Auch jetzt bei halber Füllung kann man sich kaum drehen. Außerdem finden wir ein Paar vor, das nicht bei offenem Fenster schlafen kann, sich aber genau unter dem einzigen Fenster das Lager baut, wie um zu kontrollieren, dass wirklich alle die Chance haben zu erstinken. – Gut und bekömmlich wieder einmal die italienische Küche: Spaghetti mit zerbröseltem Schafskäse, Rucolablättern und Tomatenstückchen als *sugo*.

♣

Unser letzter Tag – neblig verhangen. Das Wetter soll umschlagen, aber heute noch schön bleiben.
Abwärts, abwärts nach Sexten. Von dort ist die Rückkehr zum Auto am günstigsten. Wir sind bald in der Baumzone, alles ist noch grün und einzelne knallrote Ebereschen beleben das Bild. Erlebnisfrohe Menschen kommen uns entgegen, erst ältere und jüngere Pärchen, denen wir noch Mut machen, dass es schon aufklaren wird; dann immer mehr Gruppen. Unten an der Talschluss-Hütte weitere Heerscharen – und es beginnt zu tröpfeln. Der Bus nach Sexten oder Innichen ist gerade weg. So gelangen wir zu Fuß mal mit, mal ohne Cape in eine spezielle Kulturlandschaft, Lärchenweide, in der ein lockerer Lärchenbestand die Heuernte erlaubt und zugleich in früheren Zeiten mit dem abgezapften Baumsaft für Terpentin-Herstellung den armen Bauern ein Zubrot möglich machte. - Genau hier wird eine Woche später ein schlimmer Erd- und Felsrutsch abgehen und das Tal für einige Zeit unpassierbar machen.

In Sexten mein diesmal erster und letzter Fehltritt. Ich stolpere auf der Bachbrücke über den Bürgersteig, fliege gegen das Brückengeländer und der Rucksack reißt mich Länge lang seitwärts zu Boden. Das kann natürlich beim Abrutschen auf einem Klettersteig nicht passieren, oder?

Nach Ermittlung der Abfahrtszeiten genießen wir ein Mittagessen im Gasthof. Dank vorzüglicher Anschlüsse sind wir so früh in Bozen, dass wir uns einen ausgiebigen Stadtbummel leisten können. Ins Archäologische Museum mit „Ötzi" und weiterem gehen wir zwar nicht, aber in Bozen kann man ruhig noch öfter Station machen: Spätmittelalterliche Steinhäuser, groß und reich gestaltet, Arkaden, südländischer Straßenmarkt und viele gute Geschäfte. Und die Preißelbeeren sogar günstiger als die „Sonderangebote" am Brenner.
Mit dem letzten Bus kurven wir von Bozen nach Tiers hinauf, wo das Auto steht und wo wir bei milder Luft auf demselben Balkon, wie am ersten Abend, mit Wein und Vorräten sitzen und, anders als vor ein paar Tagen, von den Bergen Abschied nehmen.

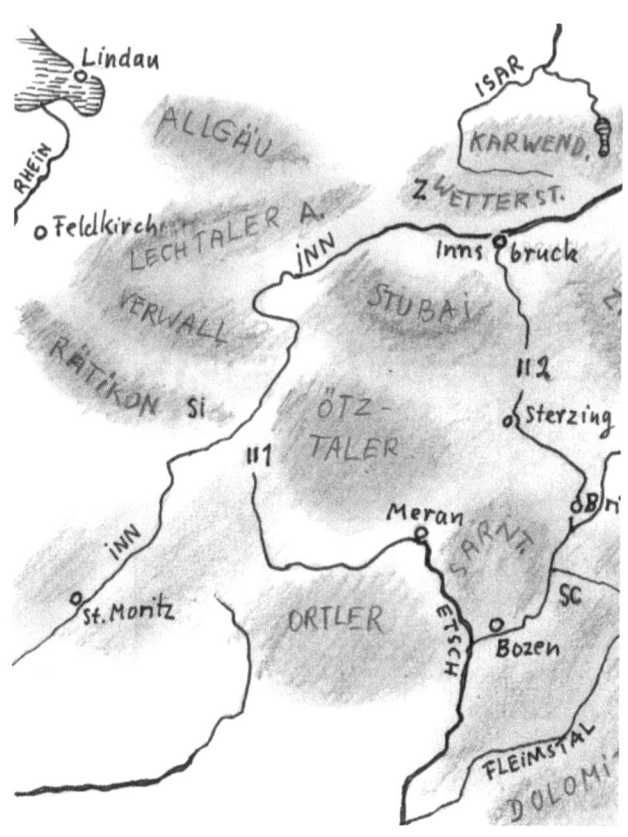

//1  Reschenpass
//2  Brenner
//3  Plöckenpass
Br  Bruneck

Pw  Pragser Wildsee
Se  Sexten
To  Toblach
GG  Großglockner

GV Großvenediger
M  Marmolada
O. Olperer
R  Rofan
S  Sella

Si  Silvretta
SC  Schlern
T   Triglav
3Z  Drei Zinnen
Z   Zugspitze

# Teil 2

Doch noch wandl' ich auf dem Abendfeld
nur dem sinkenden Gestirn gesellt.
trinkt oh Augen was die Wimper hält
von dem goldnen Überfluss der Welt.
G. Keller

**Unterwegs von Hütte zu Hütte**
Weitere Alpentouren von 2006 bis 2014

Wir haben das Jahr 2008. Ich bin 69 Jahre alt. Unsere Mütter leben noch, meine liegt mit einer Lungenentzündung im Krankenhaus. 94 Jahre alt. Wie lange wird sie noch zu leben haben? Seit meinem fünften Lebensjahr, als ein kleiner Hund unters Auto kam und nicht mehr aufstand, hätte man mir die oben zitierte Strophe von Kellers Abendlied über mein Leben schreiben können. Nämlich das „Noch". Das war mir immer gegenwärtig. Nur mit dem „Trinken" war es bei mir zunächst nur mäßig gut bestellt. Das änderte sich erst, seit mich Inge ins Schlepptau nahm und mit mir auf große Reisen ging, das Skifahren beibrachte und wir das Wandern von Hütte zu Hütte interessanter fanden als Ausflüge von einem festen Ort aus, wie schon anfangs gesagt. Wandern war ich von Hause aus zwar gewöhnt, aber ein wenig nach dem Motto: Erst muss man die Heimat kennen, ehe man sich weiter vorwagt. So dass manche über die Plöner Seen, Eifel und Österreich nie hinauskommen. Andererseits - vor vielen Jahren kamen wir aus Neuseeland zurück und gerieten irgendwie im deutschen Herbst an den Königssee in Bayern. Wir wohnten im „Ganghofer-Zimmer" eines dortigen altehrwürdigen Hotels und wanderten am blauen See unter den verfärbten Bäumen im hellsten Licht, ließen uns im Schiff durch den Herbst tragen, kletterten auch am Watzmann herum und sahen die fröhliche Welt von oben: Muss man bis nach Neuseeland reisen, um eine so erfrischende, knall-bunte Natur zu erleben?

Wie auch immer, seitdem machen wir uns allein oder mit Hiltrud im Herbst in die Alpen auf. Nicht nur in die Dolomiten, auch in andere Teile der Alpen. Und davon, von nicht-dolomitischen Gebirgsstrecken früher und später, berichten die folgenden Zeilen.

## Karnischer Höhenweg
Kombi-Ferien mit Pfirsichernte – in drei Teilen, 2006

1. Alte Zeiten in Forchheim

Die zweite Septemberwoche verbringen wir in Forchheim, um Inges kranker Mutter zu helfen. Sie liegt noch im Krankenhaus zur Beobachtung und wir wirtschaften allein in Haus und Garten. Besonders im Garten: Die beiden müden alten Pfirsichbäume haben in diesem Jahr unzählige Pfirsiche geboren und werfen sie ab. Ein Jammer, sie einfach vergammeln zu lassen. Wir machen sie in die größten Gläser ein, die wir finden können. Es sind aber zu viele Pfirsiche. Da es noch aus der Nachkriegszeit einen uralten verbeulten Entsafter gibt, verlegen wir uns aufs Saftmachen, wobei bekanntlich viel Obst für wenig Flüssigkeit gebraucht wird. Aus der Gebrauchsanleitung entnehmen wir, dass sich von den entsafteten Resten noch Marmelade herstellen lässt! Damals ließ man wirklich nichts umkommen. - Auf diese Weise stellen wir drei Flaschen Saft und dann noch mehrere Gläser Marmelade her.

Nebenher backe ich einen Pflaumenkuchen, schlage dazu wie immer die Eier direkt in die Masse: Das erste ist faul, stinkt bestialisch! Das habe ich seit einem halben Jahrhundert nicht mehr erlebt, faule Eier. Aber ich erinnere mich auch hier wieder an die alten sparsamen Zeiten; wenn man das meiste entfernt, macht sich der üble Geschmack nach dem Backen nicht bemerkbar! So ist es auch heutzutage.

Eine Nachbarin unterstützt uns mit Kuchen und mit Rucola und Mangold aus ihrem Garten. Dabei berichtet sie von ihrer Umsiedlung aus Rumänien in die BRD vor vielen Jahren und leiht uns ein Buch über die Situation im Banat nach 1945.

*Deutsche wurden in die UdSSR umgesiedelt, um dort den Wiederaufbau zu unterstützen; andere wurden 1951 von der rumänischen Regierung zusammen mit weiteren politisch „unzuverlässigen" Elementen wie Serben, Mazedonern, Kroaten u. a. m. aus der Grenzzone zu Serbien (Banat) in die Baragán-Steppe an der untersten Donau umgesiedelt. Sie sollten ehemalige Bojaren-Latifundien urbar machen. Ohne Vorwarnung mussten ausgewählte Familien („keine Alkoholiker", nur tüchtige Bauern und Handwerker) von heute auf morgen ihre transportablen Habseligkeiten in Waggons laden und wurden, ohne das Ziel zu kennen, quer durchs Land in die Steppe gebracht. Auf freiem Feld hatten sie sich mit Schränken und Decken in glühender Hitze und bei gelegentlichem Regen einzurichten, bis end-*

*lich die Mittel zum Haus- und Brunnenbau eintrafen. Das heißt, das Hausbauen mit Lehm und Stroh mussten sie erst noch lernen. Die Sommer, wie gesagt, sehr heiß, die Winter schneereich und barbarisch kalt mit Unmengen Schnee. Erst ab 1956 konnten sie wieder in ihre alten Dörfer zurück oder, die Deutschen, in die BRD ausreisen. Bei allem Leid und bei aller Not: Im Unterschied zu den Heerscharen von jüdischen Deutschen, Polen und Ungarn zehn Jahre früher erhielten sie vom rumänischen Roten Kreuz unterwegs zu essen und zu trinken und fanden am Zielort keine Konzentrationslager und Krematorien vor.*

♣

2. Karnischer Höhenweg
Montag. Früh am Morgen holte uns Hiltrud in Forchheim zur Fahrt in die Alpen ab. Glatte Fahrt bis auf einen kurzen Aufenthalt in Söll, wo es einen Flötenbauer gibt, der aus verschiedenen tropischen Hölzern Querflöten baut. Mein Befund: Der Ton scheint in der Tiefe schwach, wenig charakteristisch, aber einfach so auf der Durchreise kann ich mich nicht zu langen Proben oder gar zu einem Kauf entschließen. Also weiter. Für den Abend hatte ich auf eine gemütliche Unterkunft gehofft, aber der Mehrheitsbeschluss lautete: Es wird heute noch von Sillian aufgestiegen zur **Leckfeld-Hütte** - von 1070 auf 1970 Meter Höhe, nicht gerade wenig. Oben waren wir die einzigen Gäste und bekamen ein nettes Zimmer für uns, und beim Abendessen wurde es doch noch gemütlich bis wir in die Betten sanken.

*Womit ich mich trotz aller Liebe zu Geografie und Geologie noch nicht beschäftigt habe: Der Karnische Alpenkamm ist Teil der südöstlichen Alpen, erstreckt sich etwa 140 km von Westen nach Osten bis Slowenien und liegt sozusagen lotrecht über den Ausläufern der Afrika-Kontinentalplatte tief unten im Magma. Sie schiebt sich von Süden her unter die Europa-Scholle, so dass unter Italien bis hin zu den Karnischen Alpen also schon Afrika ist. Dabei hebt die afrikanische Scholle weiterhin die Alpen an, faltet sie noch immer, und lässt die Erde dabei gelegentlich heftig beben (L'Aquila 2009, Marken 2016). Die Karnischen Alpen ragen ziemlich schmal, steil und hoch auf. Der Höhenweg führt über den Kamm, pendelt etwa zwischen 2700 m und 2000 m Höhe auf und ab, und er gilt als leicht und problemlos zu begehen.*

Von der Leckfeldalm brechen wir „früh" auf, subjektiv, aber es ist tatsächlich schon halb neun. Der angeschlagene blasse Mond steht hoch im blassen Südwesthimmel, das Drau- und das Gailtal sind randvoll mit Wolkenwatte gefüllt. Wir hoch darüber mit Blick zum Alpenhauptkamm (Venediger und Großglockner - weiß unterm stahlblauen Himmel) und auf die bizarren Sextener Dolomiten. Erste Rast auf der Sillian-Hütte. Von der Seilbahn aus kommen Tageswanderer, und wir sind auf der Strecke, die bis auf 2700m Höhe führt, nicht allein. Am Nachmittag folgt ein böser Abstieg zur Hütte am **Obstanser See** (2300 m). Das Absteigen ist für mich nämlich ziemlich schmerzhaft, denn im rechten Knie habe ich vom Jogging möglicherweise eine Innenbandentzündung. Jedenfalls die Schritte abwärts sind ziemlich unerfreulich, und ich bin dauernd Letzter. Die Übernachtung erfolgt unterm Dach als Matratzenlager mit etwa zehn weiteren Schläfern und nur zwei kleinen Fenstern. Vielleicht deshalb habe ich wilde Träume, einer davon: Auf Bitten von irgendwem habe ich fünfunddreißig Gefängnisinsassen aus Gefälligkeit (wem gegenüber?) erschossen, für die kein Platz mehr im Gebäude sei. Und als die nächste Fuhre mit Gefangenen gebracht wird, frage ich zur Sicherheit den Kanzler „meiner" Uni um Rat; der hält das mörderische Verfahren für höchst problematisch und rät mir ab.

Der nächste Morgen ist wieder herrlich, die Täler wieder voll Nebel. Nichts schöner als über den Wolken zu wandern und oberhalb der Baumgrenze, dicht am Weltall und doch auf der festen Erde! Der noch mehr abgemagerte Mond wandert sichtbar der Sonne entgegen, ist fast schon im Süden. Noch eine Woche, und er wird in der Hölle schmoren und am dritten Tage wieder auferstehen. Zunächst geht es steil hinauf zur Pfannspitze (2680 Meter). Der Höhenweg ist kein Alt-Herren-Pfad, viel leichte Kletterei, auch Stellen, an denen man besser nicht nach unten schaut. Der schmale Weg führt oft direkt über die Kämme oder ausgesetzt an den steilen Hängen entlang, mal rechts mal links vom Kamm, mal in Österreich, mal in Italien. Immer wieder trifft man auf Spuren des Kriegs 1914–1918, Laufgräben, Reste von Unterständen. Die Dörfler beider Seiten beschossen sich hier, Nachbar auf Nachbar. Manche hielten das nicht aus und erschossen sich selbst, oder Verwundete baten um den Gnadenschuss... Alles in eisiger Höhe, selbst hier und jetzt im Sommer pfeift der Wind ständig kalt herüber.
Pause in der Filmooshütte auf 2350 Meter. Dann ein eher sanfter Abstieg und Aufstieg an einem Blaubeer- und Alpenrosenhang, rauf zum Heretriegel, dann noch über eine Hochfläche und schließlich ekelhaft steil hinunter und noch recht weit zur **Porzehütte**
Das Gemeinschaftslager beschert mir wieder einen unfriedlichen Traum: In der Bahnhofstraße in Gießen werden „Vergnügungsstätten" mit Hilfe eines Panzers platt gewalzt, nur dass der Panzer nicht Halt macht und immer mehr Häuser niederlegt. Befremdet muss ich feststellen, dass unser in der Wirklichkeit gänzlich un-anarchistischer Dekan dem Geschehen unbewegt billigend zusieht. Er

weist mich, auf meinen fragenden Blick hin, tadelnd auf seinen neuesten Aufsatz hin, den ich nicht gelesen habe.

Etwas Sorge bereitete mir bei der Planung die enorme Strecke zwischen Porzehütte und Hochweißsteinhaus: eine Zehnstunden-Wanderung, wenn man sich an die Tempovorgaben halten kann, sonst noch länger, mit beträchtlichen Höhenunterschieden! Eine Möglichkeit zur Unterbrechung besteht nur in einem langen Abstieg zu einem Biwak. Für das müsste man aber auch Nahrung und viel Wasser und einen dicken Schlafsack dabei haben.
Bei schönstem Wetter brechen wir diesmal wirklich früh auf, zwanzig nach sieben. Neben dem Haus das Zelt eines Pärchens, das uns mit schwerem Gepäck schon vorher ein paar Mal begegnet war. Das Zelt ist geschlossen, anscheinend wollen sie nicht weiter und sind vielleicht noch im Tiefschlaf.

Kein Nebel in den Tälern, sondern an verschiedenen Stellen lauern Wolken zwischen den Gipfeln. Aber das Wetter soll heute noch stabil bleiben, erst morgen unsicher. Der Aufstieg zur Croda Negra (2400 Meter) ist anstrengend, der Morgenwind eisig. Nachdem wir dann einmal diese Höhe gewonnen haben folgt dort ein sich lange hinziehendes Rauf und Runter – aber schön zu sehen, wie sich die Sextener Dolomiten und der Alpenkamm gegeneinander bewegen, das Großglocknermassiv allmählich herankommt. Man fühlt sich fast wie ein König der Berge, ein Gefühl, das aber vergeht, wenn dann Wolken aufsteigen und einem als feuchter Nebel die Sicht versperren. Vier Klettersteige müssen genommen werden, von denen zwei in keinem guten Zustand sind, mehr Behinderung als Erleichterung. Die Sicht nach unten nimmt einem der Nebel, aber man weiß, dass jeder Schritt genau gesetzt werden muss. Meine neuen Schuhe vermitteln mir Sicherheit. - Schade das wir ab Mittag nur so wenig von der Berglandschaft zu sehen bekommen.

Endlich, nach zehn Stunden, sehen wir unser Ziel weit weg und tief unten. Nach einem Abstieg auf das Niveau der **Hochweißsteinhütte** folgt noch ein längeres Stück Weg auf gleicher Höhe, voller Hindernisse in Form von Felsblöcken, dichten Sträuchern und Bachgeröll, für meine müden Haxen wenig erfreulich.

Während wir uns drinnen erholen, fängt es draußen solide zu regnen an, und es wird dunkel. Einige Bekannte waren schon vor uns da, andere treffen nach uns ein, tropfnass. Einer meldet, dass er weit zurück auf der Strecke das „Rucksackpaar" getroffen hat, sie könnten keinesfalls in der Dunkelheit und bei diesem Regen hierhin gelangen. Sie müssen wohl den beschwerlichen Abstieg zum Biwak machen oder im Regen ihr Zelt aufbauen.

In der Nacht regnet es weiter und am Morgen immer noch. Grau in Grau. Der Wetterbericht sagt keine Änderung voraus, im Gegenteil. Deshalb brechen wir die Wanderung ab, um vielleicht in der laut Wetterbericht sonnigen Steiermark eine Fortsetzung mit anderen Mitteln zu versuchen. Gehüllt in unsere Regenausrüstung wandern wir ins Tal runter nach Maria Luggau, ein Weg von drei Stunden. Ich bleibe weit zurück hinter Inge und Hiltrud, gieße von Zeit zu Zeit die Pfütze ab, die sich in meinem Cape ansammelt, und bin dann doch der Erste im Ort, habe eine Abkürzung gefunden. Durch den Ort irren Gruppen von Touristen durch den Dauerregen, verfügen sich in die Gasthöfe oder streben entnervt ihren Bussen zu. Wir trocknen uns ebenfalls in einem Gasthof und betrachten durchs Fenster die strömenden Fluten. Mit dem Postbus fahren wir nach Sillian zum Auto zurück. Im Café dort bestellt sich Inge eine „Kardinal-Schnitte", die auch Hiltrud noch miternährt. Ich

bekomme zum ersten Mal im Leben heftiges Nasenbluten, das dann regelmäßig mehrere Tage lang morgens einsetzt. Angenehm die Fahrt im Trockenen nach „östlich von Salzburg", wohin der unendliche Regen nicht gekommen ist und laut Wetterbericht auch nicht hinkommen soll.
Abends finden wir in **Radstadt** ein freundliches und gutes Hotel. Dank Inges Energie nehmen wir vor dem Einschlafen noch an einer Nachtwächter-Führung teil. Angetan mit Umhang und Spieß aber ohne Horn führt uns der Nachtwächter im Dunkeln zu verschiedenen wichtigen Punkten. Die rechtzeitig eingetroffenen Gäste bekommen eine Fackel und geben dem Unternehmen die rechte Stimmung.
Irgendwann im Tal lesen wir in einer Zeitung Einzelheiten vom Entführungsfall Kampusch.

♣

Ein starker Wind fegt um die Mauern, aber im Vergleich zu den Bergen wohlig warm. Was habe ich davon behalten? Radstadt liegt an einer alten Römerstraße nach Italien und ist deshalb seit langem eine wichtige Handels- und Festungsstadt, Festung der Salzburger Erzbischöfe. 1730 wurden die Evangelischen endgültig vertrieben und von Friedrich II. in Ostpreußen angesiedelt. Ein Schmied schmiedet für uns Nägel und wir können das kunstvolle Gebälk des Kapuzinerturms bewundern...

3. Radweg an der Enns
Bedeckter Himmel, aber trocken. Unseren Entschluss, den Enns-Radweg zu fahren, wollten wir zunächst mittels Leihrädern von der ÖBB realisieren. Deshalb fragte ich nach dem Bahnhof. Die Angesprochene verstand aber Ba'anhof, im Sinne von Bauernhof, und fragte erstaunt zurück, zu welchem wir denn wollten. Nachdem dies geklärt war, ergab sich, dass erstens der Bahnhofsschalter am Wochen-

ende geschlossen ist und zweitens die ÖBB keine Räder mehr verleiht.

Nach Anmietung der Räder in einem Sportgeschäft legten wir los, Rucksack auf dem Rücken, dem starken Ostwind entgegen. Das Tal mit den niedlichen „schweizer" Häuschen (so sagt man norddeutsch) ist weit geschwungen, zahllos sind die Angebote an Wegzehrung und Übernachtung für Radler, so dass ein gutes Gefühl aufkommt, die richtige Entscheidung getroffen zu haben. Als eisgraue Gebirgswand hinter den grünen Hügeln begleitet uns der Dachstein, dann der Grimmling. In Schladming Mittagspause im Sonnenschein. Danach wird es nieselig, und von da an tauchen keine netten Gasthöfe mehr auf, die einen hätten einladen können. Der Umweg über Irdning mit vielen tristen Neubauten macht wenig Freude. Stainau ist auch nicht viel besser. Erst in **Wörschach** finden wir in einem der drei vorhandenen Gasthöfe eine gemütliche Unterkunft. Kaum sind wir im Haus, setzt Regen ein.

Früh ist es zwar dunstig, aber trocken. Wir steigen zunächst in die berühmte Wörschach-Klamm auf. Vor Zeiten hatten Holzfäller den tobenden Bach mit einem hölzernen Fahrweg überdeckt, im Prinzip wie die Schwebebahn in Wuppertal. Heute sieht man nur noch die Löcher im Fels für die großen Stützbalken. Der Weg für die heutigen Besucher ist weniger wuchtig, zieht sich neben dem Bach entlang – auch der war sicher nicht einfach anzubringen. Merkwürdige Donnerschläge künden nicht den Zusammenbruch des Gestänges an, sondern werden von den Hammerschlägen bei verschiedenen Ausbesserungen erzeugt, die laufend nötig sind. Am oberen Ende des Weges hat der geschäftstüchtige Wärter Wasser aus dem Berg in eine Wanne mit Getränkeflaschen und -dosen geleitet und bietet frisch Gekühltes dem bedürftigen Wanderer an. Auch die Kronen-Zeitung vom Tage liegt aus, damit man sich niederlässt und dabei auf seine weiteren Angebote Lust bekommt.

Nächste Station: Admont, Partnergemeinde von unserem Pohlheim. Ein kleiner freundlicher Ort, in dem sogar Stutenmilch angeboten wird, und der ein weltberühmtes spätbarockes Kloster vorzuweisen hat – auch Achtes Weltwunder genannt, wie man liest. Unter anderem beherbergt es die größte Klosterbibliothek der Welt, hundertvierzig Meter lang und viele Meter breit. Der Saal ist wie eine barocke Kirche ausgeziert, mit Stuck, Decken- und Wandgemälden und symbolhaltigen Statuen von dem berühmten Joseph Stammel. In den Nischen die Bücher, schön gruppiert nach weltlichen und geistlichen Sachgebieten. Derselbe Trakt zeigt hochmoderne Präsentationen zur Geschichte des Klosters mit Video, Tonband und Schautafeln. Dazu eine Sammlung von über zweihundert Äpfeln aller Sorten, aus Wachs täuschend echt nachgebildet, ein Naturalienkabinett, eine Gemäldegalerie und mehr. Was alles die fleißigen Mönche gesammelt und geordnet hatten!

Immer weiter nach Osten bei guten Wetter geht es an der Enns entlang, oft auch zu unserem Missvergnügen weit in die Dörfer hinauf und dann in sausender Fahrt ins Tal zurück bis ans Gesäuse heran – wieder eine Schlucht mit Steilwänden, von ganz anderen, gewaltigen Ausmaßen als bei Wörschach. Mangels Wissen verpassen wir die Fluss-Schnellen am Beginn der Schlucht, aber wir schaffen es an diesem Tag noch bis zum Abzweig nach Johnbach, kehren beim Brückenwirt ein. Vor dem Essen, so lange es noch hell ist, treibt uns Inge zum Informationsgefilde am Fluss, zu einem „Dom" aus gewachsenen Weiden, zu Schautafeln und zur Sprechenden Buche, die je nach Wahl über sich selbst oder über ihre Mit-Bäume oder die Landschaft oder befreundete Tiere etwas von sich gibt. Als Krönung des Abends serviert uns der Wirt Steinpilzsoße mit Klößen,

Inges Lieblingsgericht. Die Steinpilze sind frisch gesammelt, was man auch schmeckt.

Am nächsten Morgen regnet es, gegen alle Voraussagen. Erst nachdem es etwas nachgelassen hat, machen wir uns auf. Die Schlucht dampft vor Feuchtigkeit, Schwaden steigen auf und geben den steil aufragenden Bergwänden exakt das Aussehen eines chinesischen Bildes oder Holzschnitts. Bei zunehmendem Nieselregen erreichen wir ein geologisches Informationszentrum und nehmen im schützenden Gebäude die Gelegenheit zur Bildung wahr. Wie sich die Alpen hoben, gerade so schnell, dass die Enns sich stetig hineinfräsen und das Gesäuse anfertigen konnte, vier verschiedene Gesteinsarten, das Gebirge in Urzeiten bis in die Gegenwart, ein selbst-gesteuerter virtueller Flug über das Gesäuse, wieder in vorzüglicher, interaktiver Präsentation. Tapfer fahren wir dann doch weiter. Und der Regen hat ein Einsehen, lässt wirklich nach. Man radelt auf der schmalen Landstraße, da für einen Radweg kein Platz ist. Enns und Straße biegen bald nach Norden ab, wo das Wetter dauerhaft besser sein soll.

Zur Mittagszeit wieder ein Brückenwirt, vielmehr Brückenwirtin. Hiltrud und Inge bestellen sich je eine der üblichen Suppen, ich begehre die mit dem doppelten Preis angekündigte „Suppe aus Omas Zeiten". Die Wirtin macht darauf aufmerksam, dass diese Suppe für drei reiche, was ich nicht recht glauben kann bei meinem Hunger. Werde aber überstimmt. Nach einer gebührenden Zeit rückt die Wirtin mit einer in der Tat großen nett-schnörkeligen Terrine an, Gemüsesuppe mit viel frischem Rindfleisch, Nudeln, Flädli, Leberknödeln. Tatsächlich wie Weihnachten bei meiner Großmutter früher. Eine Labsal. Und dann alles zusammen mit Getränken: € 10,-- Man sollte in Österreich auf Brückenwirte achten!

Immer weiter geht es nach Norden durch einen langen gasthoffreien Abschnitt bis **Altenmarkt**. Bei sich verdüs-

terndem Himmel rollen wir in diesen auf der Karte groß eingezeichneten Ort ein, über die Hauptstraße, vorbei an einem geschlossenen Gasthof bis zum baldigen Ortsende, das durch eine Kirche und einen weiteren geschlossenen Gasthof markiert wird. Im Vorbeifahren sahen wir einen kleinen Supermarkt mit dem vielversprechenden Zusatz-Schild „Café". In einem Hinterzimmer, mit viel Liebe eingerichtet, überlegen wir zu Kaffee und Kuchen, wie es weiter gehen soll. Aus dem Fenster haben wir einen schönen Blick auf den einsetzenden heftigen Regen. Nach einigen Fragen im Laden erkunde ich das Haus gegenüber. Es unterscheidet sich von der restlichen Hausreihe nur durch ein unscheinbares Schildchen im Fenster: „Zimmer frei", das wir übersehen hatten. Klingeln. Niemand öffnet. Aber die Tür ist nicht verschlossen. Ich komme in eine weite, gewölbte Vorhalle, links ein Gastzimmer, rechts ein Raum mit Stutzflügel, Polstergruppe und Fernseher. Nun erscheint doch noch eine ältere Frau, sicher fast so alt wie ich, und lässt mich die Zimmer im ersten Stock besichtigen: Ebenfalls weit gewölbte Räume, fast burgartig, aber ansprechend, die Möblierung etwas chaotisch in der Zusammenstellung.
Im Supermarkt kaufen wir das Notwendige für ein gemütliches Abendessen auf dem Zimmer mit Wein und allem drum und dran. Von der Haustochter erfahren wir, dass das Haus uralt ist, es wurde etwa 1575 von einem Hammerherrn (nicht: Kammerherrn, denn er war Besitzer oder Leiter eines „Eisenhammers"). Es diente später als Brauerei, dann lange als Gasthof, und wurde nun mit öffentlichen Mitteln restauriert. – Vom Fenster aus haben wir Ausblick auf ein Dach und können das abfließende Regenwasser beobachten.

Am nächsten Morgen Regen, Regen ohne aufzuhören. Wir erkundigen uns und fahren zur nächsten Bahnstation - statt weiter nach Linz an der Donau. Die lange Wartezeit

auf den Zug nutzt Inge, um im benachbarten St. Gallen nach besichtigenswerten Gebäuden oder neuen Präsentationen zu fahnden. Mit wenig Erfolg. Aber immerhin, sie hing nicht wie ich nur mit einem Buch herum. Mit dem Zug ließen wir dann unseren Weg rückwärts an uns noch einmal vorbeiziehen, das Flusstal, das Gesäuse, das Admonter Kloster, Schladming bis Radstadt zum Auto.
Exakt an der deutsch-österreichischen Grenze bei Reichenhall hörte der Regen auf. Aber Schluss ist Schluss – kein Anlauf mehr zu Weiterem.

Pisciadu

## Olperer – Stolperer
Der Berliner Höhenweg 2008

Nach den Wanderungen etwas abseits vom Alpenhauptkamm im Süden auf den Dolomitenhöhenwegen und in den Karnischen Alpen befanden wir uns diesmal mit dem Berliner Höhenweg im Norden direkt am Alpen-Hauptkamm: Ein Dreieck mit Mayerhofen an der Spitze im Zillertal südwestlich auf den Olperer zu, dann unterhalb des Hauptkamms nach Osten und nordwestlich zurück nach Mayerhofen. Von den hohen Dreitausendern, Olperer, Hochfeiler, Großer Möseler, streichen Gebirgszüge wie Rippen nach Norden ab – und wenn man am Hauptkamm entlang den Weg nimmt, muss man wohl oder übel diese hohen Rippen nebst tiefen Tälern dazwischen überqueren.

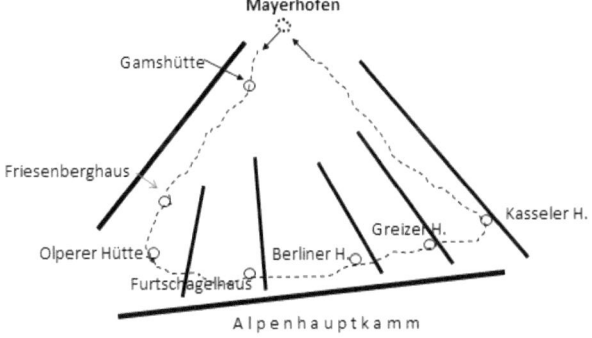

Inge hat das Profil des Berliner Höhenwegs ausgedruckt - mehrmals müssen wir etwa 1000 Höhenmeter überwinden, je rauf und je runter, und nur die ersten Teilstrecken führen auf halber Höhe die Bergflanken entlang.

Im *internet* wurde für das kommende Wochenende gemischtes Wetter gemeldet, danach eine Woche mit viel Sonne in den Nordalpen. Wir machten uns auf die Socken. Die Autobahn war frei, so dass wir im Zillertal schon am frühen Nachmittag ankamen. Auf einem Parkplatz für Bergwanderer bei Finkenberg stellten wir das Auto ab, zogen uns um, nahmen die fertig gepackten Rucksäcke auf die Schultern und stiegen die ersten 1000 Meter zur Gamshütte auf. Ein reiner Aufstieg ist nur bedingt eine „schöne Wanderung", wie ich sie mir vorstelle. Trotzdem genieße ich die Blicke ins Tal und bin wieder einmal erstaunt und erfreut, wie zäher Geh-Fleiß einen doch recht zügig nach oben bringt.

♣

In der **Gamshütte** waren wir angemeldet. Das war gut so, denn außer uns treffen so viele Wanderer ein, dass die kleine Hütte sich komplett füllt. Der erste Tag soll auf halber Höhe, um die 2100 Meter, auf den Olperer zu zur Friesenberghütte führen: Das längste Teilstück diesmal, etwa sechs Stunden, mit Blick nach Osten auf die andere Talseite – ein Panoramaweg also. Nur dass der Nebel uns nichts sehen ließ, und für den Nachmittag Regen angekündigt war. In frühester Frühe brechen wir auf, wie haben ja viel vor uns. Die Gräser hängen schwer voll Tau und Nebelfeuchtigkeit, Wald- und Preißelbeeren *en masse*, Latschenbüsche ebenso. Kurz vor der Pitzenhütte gehen die Nebelschwaden in Regen über. Hier gibt es nur etwas zu essen, keine Übernachtung – schade, weil wir nun den Weg im Regen fortsetzen müssen ohne Aussicht auf Sicht und auf Genuss der Bergwelt. Alle Wanderergruppen überholen uns im Laufe der Stunden, so viel Gesellschaft hatten wir nicht oft. Der Dauerregen dringt allmählich durch die angeblich regendichte Kleidung. Immer wieder haben wir relativ flache Steinfelder zu durchqueren, die sich scheinbar von den Bergen herab ergießen oder ergossen haben: So steil sind die Hänge nämlich nicht, dass solche kubikmetergroßen Blöcke herabkollern könnten – Inge zeigt auf hausgroße Felsenpartien unten im Tal mit Rissen. Es scheint, dass sie an Ort und Stelle in diese kleineren Blöcke zerfallen. Anders als in den Dolomiten. Dort strömen aus den Bergen kleine Brocken und Gebrösel herunter, die vergleichsweise leicht zu durchqueren sind. Hier ist es ein recht anstrengendes Geklettere, eine Probe für meinen Gleichgewichtssinn, zusätzlich zu dem allgemeinen Auf und Ab des Pfades, mal fünfzig Meter runter, dann wieder hundert Meter rauf und so weiter. Ich gebe mein Bestes. Meine Höchstgeschwindigkeit entspricht wie beim alten VW-Käfer der Dauergeschwindigkeit, nicht gerade hoch. Inge und ich brauchen zehn Geh-Stunden für die vierzehn km, Hiltrud wie die anderen Wanderer weniger, davon acht im Regen. Erst als eine Tafel ankündigt „Friesenberghaus ½ Stunde", frischen meine ermatteten Kräfte auf. Frappanter Sieg der Psyche über die Physis.

Die Wirtin vom **Friesenberghaus** (2.500 m) hat vorausschauend zwei Tagesräume gesperrt, aufgeheizt und mit Wäscheleinen versehen, so dass alle ihre triefenden Sachen dort zum Trocknen unterbringen können. Während des Abendessens noch zwei Blitze mit Donner als Abschluss. - Das Haus ist weiträumig, wir können uns auch im Schlafraum angenehm ausbreiten.

♣

Am nächsten Morgen ist die Welt immer noch nebelverhangen. Wir lassen uns Zeit, damit die Wolken sich möglichst verziehen können und wir etwas vom Weg haben. Das gibt mir Gelegenheit, sorgfältig meine Sachen zu falten und zu packen, so wie ich es gern immer täte: Schon das gemeinsame Schwimmengehen in meiner Kindheit wurde mir dadurch verleidet, dass ich beim Umkleiden und Ankleiden ständig der Ewig-Letzte war.

Noch vor zehn Uhr verlässt uns die Geduld und wir machen uns auf den Weg, wieder auf annähernd gleicher Höhe, aber kaum halb so weit wie gestern. Bis auf 2.600m Höhe kommen wir im Laufe des Tages hinauf. Gegen Mittag verziehen sich die Wolken allmählich, lassen kräftig-blauen Himmel durch, quellen aber noch länger zwischen einzelnen Bergen hervor – wolkenbewegter Blick in die Berge, in das Tal, auf den Speichersee unterhalb vom Olperer. Unser Mittagessen genießen wir bereits trocken in warmer Sonne. Der Schlegeisgletscher hängt ziemlich hoch am Berg, unterhalb glänzend glatt geschliffene farbige Felspartien, über die die Gletscherbäche laufen und sich im Tal zu einem Fluss vereinen, der vor allem den Speichersee füllt. Als Nachspeise zum Essen wählen wir, schon an der **Olpererhütte** sitzend, Kaiserschmarrn als Überleitung in einen gemütlichen und sonnigen Nachmittag, den wir still mit Lesen verbringen, jeder in seinen oder ihren Text vertieft. Wie auch sonst habe ich mir einige Reclamhefte gekauft um nachzuholen, was ich im Germanistikstudium versäumt habe, diesmal Tieck und Hoffmann. Immer wieder sehe ich auf zu den Gletschern, zum Hochfeiler, der noch in Wolken steckt, oder zum strahlend blauen See.

♣

Am dritten Tag müssen wir hinunter zum Speichersee, 600 Höhenmeter und dann hinauf zum Furtschagelhaus, weitere 500 Meter. Noch einmal ein Tag mit wenig Strecke und relativ geringen Höhenunterschieden. Und mit dem blauesten Himmelsblau. Der Aufbruch erscheint mir recht früh und hektisch dafür, dass wir so wenig zu leisten haben. Lasse ich deswegen meine neue Sporthose zurück? War das hier oder schon gestern? - Der Weg abwärts ist recht holprig und stolprig wegen der vielen Steinfelder. Am See entlang führt eine Schotterstraße, wir brauchen unsere Schritte nicht mehr aufmerksam überwachen, sondern können bequem unsere Augen in der Bergwelt vor und hinter uns spazieren führen. Die Olpererhütte ist noch lange frei zu sehen, theoretisch, praktisch aber unerkennbar klein im Olperer-Hang da oben, irgendwo hinter uns. Ehe wir uns wieder an den Aufstieg machen: Mittagessen angesichts der Hänge gegenüber, die wohl unterhalb eines nicht sichtbaren Gletschers sich ausstrecken, sie sind tief eingefurcht von den Schmelzwassern und tropisch-grün bewachsen. Da, wo wir sitzen, muss früher der Hauptgletscher gelegen haben, der das Tal so sauber ausgefräst hat. Später, vom Freisitz des **Furtschagelhauses** (2.300 m) aus sehen wir hinauf zur Gletscherfront vom Hochfeiler bis zum Möseler oben und hinunter auf die frei daliegenden Seitenmoränen des ehemaligen Hauptgletschers; einen ganzen Spätnachmittag lang, in der Sonne und in der allmählich kühler werdenden Gebirgsluft. - Ab hier bis zur Kasseler Hütte werden wir uns ständig oberhalb der Baumgrenze bewegen, über Steine, Fels, Gras und einmal Schnee. Eis im Hintergrund.

In der Hütte sitzen wir mit einem Einheimischen am Tisch, einem Steinesammler. Früher hat er „alles" gesammelt, heute findet er fast nur noch Bergkristall und Edeltalk. Letzteres wurde zu Talkum für Sportler verarbeitet, heute von Hobby-Steineschnitzern gebraucht. Ich bin schon auf dem Weg ins Bett, als Inge von draußen hereinkommt und mich an den Mond erinnert. Ich schaue aus einem Fenster: Da steht der schon ziemlich volle Mond, südwestlich nahe beim gewaltigen Jupiter, beide in strahlendem Glanz über dem schwarzen Berghorizont im reinen Nachthimmel.

Noch etwas zu meinem Wandertempo. Zufällig heute nicht, aber sonst bin ich oft der letzte auf den Wegen und der letzte, der in einer Hütte eintrifft. Ich will mich nicht beeilen und keinerlei sportlichen Ehrgeiz entwickeln, aber die Menge der Mit-Bergsteiger mit ihrer Fitness entwerten doch in gewisser Weise meine Leistung. – „Was unterscheidet einen Bergwanderer von einem Sportler? Er muss sich von keinem Trainer in den ... treten lassen" (eigene Weisheit).

♣

Wieder brechen wir früh auf, haben diesmal einen langen, anstrengenden Tag vor uns, wenig Strecke, aber steil, steil, in jede Richtung. Erst geht es einen Grashang hinauf, dann beginnen wild gehäufte Steinplatten. Weit im Süden Gletscherreste, im Westen das Tal und die gegenüberliegende Seite, vor uns hoch oben eine Scharte, direkt (!) über uns. Da müssen wir durch!
Kurz davor treffen wir auf ein kleines Schneefeld, leicht zu queren, bevor wir das letzte Steilstück antreten. In der Scharte dann habe ich noch so viel Energie, dass ich vom Pass aus die wenigen Meter zum Schönbichlerhorn (3.134 Meter) anschließe: Mein zweiter Dreitausender nach dem Piz Boé in den Dolomiten. – Der Wind faucht unangenehm kalt durch die Scharte, niemand hält sich hier lange auf, auch wir legen keine richtige Rast ein. Mit zwei Schritten geht es wieder bergab, fast noch steiler als wir gekommen sind. Ein Stahlseil sichert den Abstieg – es geht genauso langsam voran-hinab wie bergauf. Im Blick haben wir neue Gletscher, sie begleiten uns hinunter. In einer weiten Steinkuhle, windgeschützt, breiten wir unser Mitgebrachtes zum Essen aus, bewundern die vielfarbigen Schichtungen im Gneis und die mächtige Gletscherformation gegenüber auf der anderen Seite in gleicher Höhe quasi neben uns – wir sind also noch auf Gletscherniveau.
Ins Tal vor uns können wir noch nicht hineinsehen, nur hinab auf die fein gezeichneten Seitenmoränen dort, drü-

ben, wo der Gletscher früher weiterging. Von der anderen Talseite, später, haben wir den Überblick über die Form, die der einstige Gletscher hinterlassen hat – wie die riesige Schnute einer Kanne (hochdeutsch: Ausguss) ohne den Inhalt, der sich mal dadurch bewegte.

Auf der nördlichen Seitenmoräne steigen wir weiter ab, hinunter, hinunter, es dauert. 900 Meter bergauf waren es und 1000 Meter geht es nun hinunter. Unten überqueren wir den wilden Gletscherbach und müssen nur noch über die Ausläufer der südlichen Moräne weg hinauf zur Berliner Hütte: Beim Endspurt wieder das Phänomen der frischen Kraft angesichts des Ziels.

Ja, die **Berliner Hütte**! Das ist keine Hütte, sondern ein wahrhaft Großes Haus, die größte „Hütte" in den Zentralalpen. Das Gebäude wurde Ende des 19. Jahrhunderts errichtet, außen- und innenarchitektonisch voll Sorgfalt, und dazu von der Natur mit zwei Gletschern versorgt, die damals fast bis vor die Haustür kamen! Heute sind die Gletscher verschwunden, aber die Holztäfelung, die hohen Räume mit Kronleuchtern und Kassettendecke, die Emaille-Schilder mit Hinweisen von anno dazumal Das alles ist noch da und steht unter Denkmalschutz. Ein Genuss, sich in diesen Räumen zu bewegen, zu essen, einen Wein zu trinken und in einem der altmodischen Schlafsäle zu schlafen. Es fehlt nur ein Ludwig II., diskret in einer Ecke sitzend, um die alten Tage auferstehen zu lassen. Als Ersatz kann ein Foto vom ersten Hüttenwirt dienen, er sieht aus wie ich mir einen Kommerzienrat vorstelle, beleibt, im Anzug mit Weste, streng bis bedrohlich. Dass solche Herren die Berge liebten! Wie müssen sie in ihrer Kluft geschwitzt haben!

In der Nacht Gewitter und Regen.

♣

Nun noch einmal dasselbe. Hinauf und hinunter bei wenigen Kilometern, nur leicht variiert. Ohne die Fotos und meine Notizen könnte ich jetzt beim Schreiben nicht mehr entscheiden, was an welchem Tag war. – Wieder gehen wir erst über Grashänge, haben unser Tempo und brauchen unsere Zeit, etwa um zur Hütte zurück zu schauen, die noch lange unter uns sichtbar ist, oder um eine Fotopause in einem kleinen Moorgebiet einzulegen – eine Fläche mit Binsen, etwas Wollgras, spiegelnde tief blaue Pfützen, rötlich getönte Gräser gegen eine ferne, blasse Bergwand. Auf dem Felsenweg und seitwärts sehen wir den ganzen Tag die unterschiedlich gefärbten und gemusterten Gneise, man könnte hier gut einen Lehrpfad zum Thema Gneis anlegen oder eine geografische Lehrwanderung organisieren.

Am Schwarzsee eine kleine Pause im Sonnenschein, mit vielen anderen. Einige junge Leute springen in das eiskalte Wasser, Inge verzichtet, ich sowieso. In dieses Kar ist in vorgeschichtlicher Zeit eine katastrophale Lawine abgegangen und hat vieles unter sich begraben, das man heute erforscht. Weiter in immer steileren und schmaleren Kehren hinauf zum Sattel zwischen zwei Bergspitzen. Wir sehen die anderen Wandergrüppchen oft gegen den Himmel über uns, sie steigen vor uns her. Bis auf 2.870 Meter. Allmählich merkt man das Training der vorausgegangenen Tage doch, ich fühle mich gut, habe auch wieder ein Auge auf den Gneis, der hier öfters schwarze Einschlüsse aufweist, wie kristalline Seesterne. Nach dem Durchgang durch die Scharte, verziert durch einen auffallend spitzen Nebengipfel, abwärts auf eine schmale Klamm zu, oft mit Seil-Sicherungen, fast ohne Absatz für eine bequeme Mittagspause, ständig tief unten die Greizer Hütte im Blickfeld, die nicht näher kommen will, und die Serpentinen, die zu ihr drüben hinaufführen: Das sieht nach einem anstrengenden Tagesende aus! Es dauert lange, bis wir unten ankommen, wo uns noch eine Leiter im Fels beschert wird. Dann stehen wir auf der Talsohle, überqueren den starken

Gletscherbach und können schnell feststellen, dass der Weg aufwärts zur Hütte doch nicht so anstrengend ist, wie er aussah. Habe keinen toten Punkt zu verzeichnen. Von der **Greizer Hütte** aus können wir den zurück gelegten Weg von der Scharte hoch oben bis hinunter ins Tal überblicken. Für die, die morgen in umgekehrter Richtung die tausend Meter da rauf wollen, vielleicht ein etwas bedenkliches Bild. Beruhigend für das innere Gleichgewicht haben wir die Gletscherwelt im Süden und das sauber U-förmig geschliffene Tal nach Norden vor Augen.

♣

Vorletzter Wandertag, nur zehn Kilometer und nur an die 700 Höhenmeter! Bis zur Lapenscharte auf 2.700 Meter erst Wiesen, dann Fels, hinunter umgekehrt bis zum Höhenweg, der in einem großen Bogen nach Süden um den Talschluss herum zur Kassler Hütte auf derselben Höhenstufe führt. Warum aber sind dafür sechs Stunden Gehzeit angegeben? Den Grund bekommen wir bald zu spüren. Beim Aus-Laufen des Bogens müssen wir in einer Stunde so viele großklotzige Steinfelder überqueren wie in den Dolomiten an einem Tag. Und dort sind es nur Geröllfelder, Gebrösel, wie schon gesagt. Zwar haben die Leute vom Alpenverein mit aberwitzigem Fleiß viele Teilstücke leichter passierbar gemacht, Blöcke herumgewuchtet, praktische Zick-Zack-Wege mit Farbe markiert – aber das anstrengende Hochstemmen und Sich-langsam-Herablassen zur Schonung der Gelenke mindert das Tempo deutlich. Auch auf ebener Strecke Hindernisse: Ein Abschnitt liegt an einer beinahe senkrechten Wand, ist durch Seile gesichert. Außerdem gut einsehbar, so dass wir von uns eindrucksvolle Fotos machen können. - Noch ein allgemeiner Gegensatz zu den Kalkalpen oder Dolomiten muss vermerkt werden: Am Hauptkamm kreuzen viele Bächlein, Rinnsale und kräf-

tige Gießbäche unseren Weg, heute noch einmal besonders, von allen Seiten rieselt und gluckert es oder rauscht gewaltig – fast wie am Milford-Sound (Neuseeland).
Wie gesagt, trotz leichter Strecke komme ich wieder einmal nicht so schnell voran wie Inge und Hiltrud. Selbst als Wolken zwischen den Bergen durchdrücken, Nebel aufkommt, beeile ich mich nicht, denn an einer Bergecke taucht aus den Schwaden ganz zart die Hütte auf, um gleich wieder zu verschwinden. Das muss ich doch fotografieren! Das Abpassen der richtigen Augenblicke dauert so lange, bis ein kräftiger Regen einsetzt – ich bin dann der einzige der patschnass in der **Kasseler Hütte** eintrifft.

♣

Endgültiger Abstieg. Es ist Regenwetter angesagt, gestern Abend gab es ja schon einen persönlichen Vorgeschmack. Durch die Waschhaus-Schwaden ziehen wir los. Regen kommt zuverlässig auf. Kurz nachdem wir umständlich das Gepäck abgelegt und die Regencapes angelegt haben, hört er wieder auf. Nicht zum ersten Mal erleben wir diesen Zusammenhang. Aus dem Tal hebt sich der Nebel, allmählich werden mehr und mehr Hänge frei, eine herzerhebende Herbst-Berglandschaft tut sich auf. Ich muss an unsere Eltern denken, die eine solche Natur glücklich machen konnte wie uns jetzt.
Inge findet seitab Steinpilze und verschwindet im Wald. So viel Freude. Im Tal trödeln Hiltrud und ich langsam auf der breiten Schotterstraße Richtung Mayerhofen weiter. Wir kehren in der Grüne-Wand-Hütte ein zu einem zweiten Kaffee. Ein wunderschönes Haus, bestens geeignet für den Anfang einer Tour oder einen Arbeitsaufenthalt, wenn man etwa einen Roman schreiben will oder einen Reisebericht. Der Karte lässt sich entnehmen, dass das noch fünfzehn Kilometer so weiter geht. Inge holt uns nicht ein, es muss

reichlich Pilze geben, sie kommt und kommt nicht. Ich bin etwas besorgt, aber sie trifft dann doch gänzlich unberaubt ein, vielmehr beladen mit einer Plastiktüte voller Pilze; wer hat schon einen Sammelkorb auf dem Berliner Höhenweg dabei? Im Gasthaus Lackenbrunn essen wir zu Mittag und nehmen von dort ganz prosaisch den Bus nach Mayerhofen. Während Inge und Hiltrud dort noch etwas flanieren, sitze ich mit dem Notizbuch im Café und beaufsichtige das Gepäck. Dann holt Hiltrud freundlicherweise das Auto in Finkenberg ab und übernimmt uns.

## Zugspitze 2009

Aus einem Brief an die Familie vom 10. Oktober 2009. - In den letzten Wochen habe ich kaum etwas in meinen Kalender geschrieben, finde nichts vor fürs Briefschreiben außer ein paar Stichworten zu unserer Wanderung im Karwendel und Wettersteingebirge. Danach Leere im Tagebuch. Als sei nichts gewesen. Das Auspacken, die Wäsche, die Gartenarbeit, dazwischen die Anrufe bei Euch – das kann doch nicht alles gewesen sein!
Aber zurück zu unserer Wanderung. Diesmal trafen wir es anders an als sonst. Nach dem ersten Aufstieg wurden wir im Karwendelhaus abgewiesen – wir hatten uns mal wieder nicht angemeldet, und für den Abstieg war es noch nicht zu spät am Tag. Gut, dass wir ohne jede Vorahnung unsere Zelte unten im Auto dabei hatten! So saßen wir am Abend vor unseren Zelten auf einem Campingplatz nahe der rauschenden Partnach. Feucht-kühl war die Nacht. Am nächsten Morgen wählten wir einen anderen Einstieg ins Karwendel, und das Weitere entwickelte sich ganz wie gewohnt. Deshalb wähle ich nur zwei besondere Etappen oder Situationen aus und erzähle sie Euch.

Da war zum einen die Luxushütte, die sich Ludwig II. für seine Geburtstage hoch über Partenkirchen bauen ließ. Wir kamen im Abenddunst in der eigentlichen Hütte an, dem **Schachenhaus**, sahen verschwommen schräg darüber noch eine zweite filigranere. Die wurde uns zur morgendlichen Besichtigung ans Herz gelegt. Beide Häuser wurden einst von Ludwig II. gebaut, das untere als Küchengebäude

mit Schlafräumen für die Dienerschaft, das obere für ihn allein zum Geburtstagfeiern. Das Parterre der Fürstenhütte oben enthält einen netten aber nicht überraschenden Aufenthaltsraum und ein ziemlich kahles Gästezimmer, in dem nur einmal ein Gast aufgenommen wurde. Aber der Oberstock hat es in sich. Man erreicht ihn über eine mehr als enge Wendeltreppe. Und dann tut sich eine Wunderwelt auf: Der große Raum ist komplett im pseudo-orientalischen Stil eingerichtet, mit Kandelabern, Räuchersäulen, arabesker Ausmalung wie eine klischeehafte Filmkulisse. Darin muss man sich den langen König im wallenden Arabergewand und Turban vorstellen im Kreise seiner ebenfalls herumwallenden Diener, ohne jeden sonstigen Besuch, umschwebt von Räucherdüften, an der Wasserpfeife suckelnd – ob Opium, das weiß man nicht. Und eventuell diverse Übergriffe - auch das weiß man nicht. Wie in fortgeschrittener Stimmung die Dienerschaft und vielleicht auch der stattliche König über den Treppenschlauch nach unten kamen?
Beim Weiterwandern konnte man noch eine Weile zurückschauen auf den feinen Schattenriss im Dunst. Dann abwärts und rüber zum Reintal.

♣

Von dort aus nun einmal eine „richtige" Bergbesteigung, nämlich die Besteigung der Zugspitze. Unsere Klassenlehrerin Frau Galle hatte in der ersten Geografie-Epoche - der Rhein von der Quelle bis zur Nordsee - von ihrer Zugspitzentour erzählt, um uns einen erlebten Eindruck zu vermitteln, was Hochgebirge und Vegetationszonen sind. Die Schilderung muss so nachvollziehbar-spannend gewesen sein, dass ich zwar keine Einzelheiten, aber den Bericht als ungefähres Ganzes über ein halbes Jahrhundert hin behalten habe. Dass ich selbst einmal diese Bergbesteigung machen könnte, hielt ich für unwahrscheinlich. Später, wenn wir in Garmisch waren oder durch Ehrwald fuhren, fand ich die Zugspitze nicht besonders verlockend, da Großgondeln von drei Seiten hochführen. Wozu dann kraxeln? Aber diesmal konnten wir vom Reintal aus ohne Menschenmassen und ohne konkurrierenden Lift ganz ursprünglich und naturverbunden aufsteigen, über zwei Hütten. Gleich die erste, die **Reintal-Angerhütte**, war anheimelnd. Wir kamen so spät an, dass wir bleiben wollten. Über den steinigen Tal-grund am Bach hatten die Gäste Stühle verteilt, saßen da wohl vorher in der Sonne. Von einem nepalesischen Helfer stammten die Seile mit Gebetsfähnchen, die quer über den Bach gespannt waren – alles heiter und freundlich. Mit Hackbrett und Geige wurde uns zum Einschlafen aufgespielt, und um halb sieben früh erscholl ein kräftiges Akkordeon und der freudige Ruf: Aufstehen! Wir ließen uns Zeit, wollten nur bis zur Knorr-Hütte klimmen und dort dann einen ruhigen Nachmittag vor dem endgültigen Gipfelsturm einlegen. Aber schon um elf Uhr vormittags kamen wir an – und was sollten wir da den ganzen Tag tun? Die Reclamheftchen schon ausgelesen! Also weiter. Allmählich sah es um uns herum aus wie auf dem Mond, vom ehemaligen Eis polierte Gesteinsrücken und dazwischen unendliche steile Schotterhalden und ein eisblauer Himmel darüber. Die anscheinend letzten 200 Meter ging es einen Geröllhang hinauf, zwei Schritte vorwärts, ein Rutsch zurück. Dann kam der Fels. Ein Stahlseil und leiterähnliche Stahlklammern führten nun noch die allerletzten 150 Meter besonders steil hinauf, fast senkrecht, bis auf die Gipfel-Plattform. Zum Glück trafen wir nur noch auf Restbestände der Besucherscharen vom Tag. Ein friedlicher Abend. Unsere 1700 Höhenmeter - eine nette Leistung. Und 2950 Meter Höhe insgesamt ganz schön hoch! Wir standen über der Welt. Die Abendnebel und –wolken lagen unter uns, schlichen sich um die niedrigeren Gipfel, und krochen schließlich über uns und die Zugspitze weg, so dass wir nichts mehr sahen. Aus der Hütte, **Münchner Hütte,** wurde das Abendessen herausgereicht, zwei ältere und mittlerweile müde Männer machten sich da in einer winzigen Küche zu schaffen.

Die Münchner Hütte erwies sich als ungemütlichste, die wir bisher antrafen. Der Übernachtungstrakt als Betongebilde unter ihr in den Fels „geklebt". Nur Notlager - in zwei Räumen mit Luftloch. Immer drei Matratzen für vier Leute!! Eine etwas unerfreuliche Entdeckung. Inge und Hiltrud mussten lange kichern, sie stellten sich vor, wie die älteren Herrschaften (w i r sind natürlich keine solche) aus dem Bettenoberstock nachts raus müssen und mangels Leiter in die Tiefe plumpsen. Wirklich tat es in finstrer Nacht einen Mordsschlag, als ein Herr im Nachthemd Bodenkontakt suchte. Am nächsten Morgen stürzt Inge ganz früh hinaus, um mit dem Sonnenaufgang ihren Geburtstag feierlich zu begehen. Wir anderen kommen nach. Mehr als ein Blumensträußchen auf dem ungemütlichen Frühstückstisch gibt es leider nicht....

Runter von der Zugspitze wollten Inge und Hiltrud zunächst mit der Seilbahn. Aber der enorme Aufstieg am Vortag beflügelte unseren gemeinsamen Ehrgeiz, auch den Abstieg auf der anderen Seite zu Fuß zu machen. Ein Ehepaar wollte das auch, aber die Frau hatte Angst vor einer Steilrinne (Kamin). Hiltrud erbot sich, sie unter ihre Fittiche zunehmen. Die Rinne war wirklich steil und matschigrutschig. Mit Hilfe von Stahlseil, Metallleitern und Metallnägeln arbeiteten wir uns langsam, langsam und aufmerksam nach unten. Erst am Mittag waren wir am ersten Absatz bei einer netten Hütte, gerade richtig zum Essen und Trinken. Danach sollte es harmlos auf die Baum- und Grüngrenze zu gehen. Das Ehepaar stieg einen bequemen Weg nach Ehrwald ab, wir nahmen die andere Richtung zum Auto, zum Eibsee. Da einige Abgründe unserem friedlichen

Weiterkommen im Weg lagen, mussten wir erstaunlich oft über Klettersteige, dann Grünhang, dann wieder Klettersteige, wieder Gebüsch und so weiter in die Tiefe. Ein Blick auf die Karte: Insgesamt 2000 Höhenmeter runter. Das letzte Stück im Wald oberhalb vom Eibsee ausgesprochen langweilig – das hätten wir uns ersparen sollen.

♣ ♣ ♣

## Hohe Tauern und Rofan 2010

1. Großvenediger

Laut *internet* gibt es momentan in den Tauern das relativ beste Wetter im Alpenraum. Daher fahren wir nach Mittersill und von dort zum Parkplatz im Habachtal für den Aufstieg Richtung Großvenediger. Gemütlich von 870m Höhe bis auf 1320m zur **Enzian-Hütte**. Von allen Seiten rieseln Wässer zu Tal. Die Hütte ist ein weitläufiger fliegenreicher Gasthof mit kümmerlichem Abendessen. Obwohl der Parkplatz am Taleingang unten voll belegt war - hier wie in den anderen Hütten später sind wir fast allein.
„Da gießt unendlicher Regen herab, von den Bergen stürzen die Quellen.....", so dass wir am nächsten Tag bis Mittag warten müssen, ehe wir im Nieselregen zur Neuen Thüringer Hütte aufbrechen können. Herbstfarben in verschiedenen gedämpften Grün- und Brauntönen, violettes Heidekraut, giftig grüne Flechten auf den Felsen, darüber die Wolkendecke. Mit zwei Mineraliensammler kommen wir unterwegs ins Gespräch. Sie erklären uns, dass der Regen in der von uns erstrebten Höhe natürlich als Schnee gefallen ist und der Pass von der Thüringer- zur Fürther Hütte verschneit und für uns nicht passierbar sei. Trotzdem beschließen wir weiterzulaufen, da schönes Wetter kommen soll. An einem Schuppen mit Brennholz und der schriftlichen Aufforderung, doch einige Scheite mit auf die Alm zu bringen, nehmen auch wir je ein tüchtiges Scheit mit für das Hüttenfeuer.
Der folgende Steilanstieg auf steinigem Pfad erinnerte mich an einen anderen Gebirgswanderer, nämlich Th. W. Adorno. Er befand, in Sils Maria, dass die „behaglich" auf den von Menschen angelegten Wegen wandelnden Kühe

ihm als Modell dafür dienen, wie die Zivilisation „der unterdrückten Natur beistehen könnte". Diese Versöhnung zwischen Zivilisation und Natur ging hier aber etwas auf unsere Kosten. Denn wegen der Enge des Pfades erhöhte sich die Dichte der umfangreichen Kuhfladen erheblich im Vergleich zur sonstigen lockeren Verteilung auf einem breiten Weg. Deshalb mussten wir nicht nur von Stein zu Stein über den schlammigen Boden balancieren, sondern weitere kunstvolle Verrenkungen machen. Wegen der Anstrengung insgesamt hielt ich oft inne zum Verschnaufen, jedes Mal erwünschte Gelegenheit, das Trogtal mit der charakteristischen Seitenmoräne des ehemaligen Gletschers und die allmählich von den Wolken freigegebenen Schneefelder und Eishöhen in mich aufzunehmen.

♣

**Neue Thüringer Hütte**. Bereits vom Fenster im Schlafsaal die von Nebeln und Morgensonne umschwebte Bergwelt! So muss es sein. Ein Paar aus Wörgl will den Übergang über die Larmkogelscharte auf fast 3000 m Höhe wagen. Das lassen wir uns gesagt sein und ziehen hinterher. Ein beachtlicher Aufstieg, mehr und mehr Schneefelder müssen überschritten werden, der Himmel wird blauer und blauer. Sonne und Anstrengung wärmen mich so, dass ich obenrum nur noch das T-Shirt brauche. Trotz der Höhe. Vor uns breiten sich der Tal-Abschluss mit Gletscherrest ganz oben vor dem entfernten Großvenediger aus und eine Kette weißer Berge. Der Schnee vor unseren Füßen ist griffig, kein Problem trotz Steilheit. Die Hochstimmung „gipfelt" in der Scharte, wo wir im Windschatten Mittag machen; haben einen völlig neuen Blick zum Venediger rüber, zum Hauptkamm und ins nächste Tal: Viel Hochnebel steigt dort auf oder drängt vom Habachtal aus nach drüben. Die **Neue Fürther Hütte** (2200m) ist schon zu se-

hen, mit See. Beim Abstieg müssen wir noch mehr aufpassen, denn der Schnee wurde am Vormittag von der Sonne angeschmolzen. Hiltrud rutscht aus und klemmt sich einen Schuh in einer Spalte so fest, dass sie allein nicht rauskommt. Jemand anderes muss an der Schuhspitze ziehen. - Und über den Matsch unten im Tal, zehn Minuten vor der Hütte, versuche ich einen Sprung, der mich genau in diesem Matsch landen lässt.
Die Knie werden beim Bergwandern mehr als normal belastet, Torsion, Stauchung, Dehnung..., aber die sich nun ankündigenden bekannten Schmerzen am Tibiakopf links gehen zurück, je länger wir laufen,
Die Hüttenwirtin stammt aus Mattighofen. Ich erzähle, dass ich vor mehr als 65 Jahren nahe dabei in Maria Schmolln[1] gelebt habe – das kennt sie natürlich. Sie kennt auch eine alte Dame dort, die noch sehr rüstig sei und sich sicher für mein Büchlein über meine Kindheit und die Evakuierung der „Rheinländer" dorthin interessiere - Kriegszeiten als ländliche Idylle?

Auch der nächste Tag bringt bei herrlichstem Wetter einen Aufstieg zum Teil im Schnee. Schon wieder bezweifelt jemand, dass man durch den Schnee kommt. Aber eine gewisse Elisabeth habe sich schon allein aufgemacht, und ein Pärchen aus Wien wagt es daraufhin ebenfalls. Wir folgen, so dass letztlich sämtliche Gäste des Hauses diese gefährliche Etappe angehen. Vielleicht wegen der Anstrengung kommt bei mir selbst an haarigsten Stellen keine Höhenangst auf, bin dauernd mit jedem einzelnen Schritt

---

[1] Keiner weiß, auch das *internet* nicht, was Maria Schmolln bedeutet. Es gibt so viele Maria-Orte in frommen Gegenden, Sils Maria, Maria Alm, Maria Wald, Maria Einsiedeln, Maria Stein, Maria Laach...; manche Namen erklärlich, andere nicht.

beschäftigt oder mit Herumschauen in den zahllosen Erholungspausen. Oben, am Sandebenetörl (2750 Meter) finden wir eine kleine windstille Ebene vor. Noch einmal gehobene Stimmung auf dem wunderbaren Platz mit phantastischer Aussicht auf die Berge um den Großvenediger und den Gletscher; ein Genuss, der vom Mittag-Imbiss gekrönt wird. Bald sind wir im Angesicht dieser herrlichen Kulisse wieder auf 2500 Meter herunter und an einer Kreuzung – hier zur Prager-, da zur St. Pöltener Hütte. Da man zur ersteren stark absteigen muss, um dann wieder auf Höhe zu kommen und da außerdem die dann anschließende Hütte schon geschlossen hat, wählen wir den längeren Weg über die Almen, ständig auf 2500 Meter, zur **St. Pöltener**. Immer wieder sind Schneefelder zu durchqueren oder Bäche und große Gneisblöcke zu übersteigen - auch das zunächst ein Genuss. Die überschaubaren Kessel lassen stets aufs Neue das Ziel erahnen, nur dass die Ahnung trügt und sich immer wieder ein nächster Kessel auftut. Der Frühnebel hat sich in freundliche Kumuluswolken verwandelt und dann im Laufe des Tages in eine Wolkendecke mit bedrohlichen Verdüsterungen. Aus dem Genuss wird mehr und mehr Leistung. Hiltrud und Inge sind weit voraus, Hiltrud meint schon, wir hätten die Hütte verpasst und müssten nun zum Venedigerhaus absteigen. Von der Beratung zwischen Inge und Hiltrud bekomme ich nichts mit, habe nur einen Blick von Ferne auf die Diskussion. Es fängt an zu nieseln, es wird neblig, es wird kühl, ich muss mir die Jacke anziehen, es wird dunkel. Endlich taucht in Nebel und Dämmerung ein Schild auf: Noch zwanzig Minuten! Da fängt es an zu regnen, Inge und Hiltrud sind wohl schon in der Hütte, und nur spät und widerwillig ziehe ich mir Schützendes über, werde also nass. In der Hütte kann die Kleidung gewechselt werden. Das Nasse kommt in den Trockenraum bis auf das T-Shirt, das dank eigener Strahlungswärme von innen bereits wieder trocken ist. – Wir waren für die etwa zwölf bis vierzehn Kilometer zehn Stunden unterwegs. Das jugendliche Wiener Pärchen traf nur eine Stunde früher ein als Inge und Hiltrud.

♣

Regen, Nebel, Grau überall, keine Sicht. Für die nächsten Tage ist im gesamten Alpenraum Regen vorhergesagt. Als der Regen etwas nachlässt, steigen wir deshalb nach Mittersill ab. Lange ohne Sicht. Aber am Plattach-See lichten sich plötzlich die aus dem Tal vor uns heraufdrängenden Schwaden. Die Sonne bricht mehr und mehr durch, eine Wohltat. Aus dem Nebel tauchen der See, grüne und braungrüne Grasplacken, gerundete Felsbuckel auf. Die Szenerie mit den Bergflanken dahinter ergibt ein liebliches Panorama, das man nicht gleich wieder verlassen kann. Die Nebelfetzen ziehen herum und gestalten die Landschaft mit. Wir spazieren genießend und fotografierend herum, so lange, dass die Zeit zum Mittagessen kommt. Danach wird der Vorhang endgültig vorgezogen, vorbei das einstündige Sonnen-Theater. Der lange Abstieg - feucht mit viel Garnierung durch Kuhfladen. Inge entdeckt Lawinenverbauungen in der Ferne, sind aber eine Kuhherde: Alle Kühe exakt gleich mit weißem Rücken- und Hinterteil und Bauch, der Rest tief braun. Geklont oder ein einziger sehr dominanter Stier auf dieser Alm? Wir sehen immer mehr solche Kühe.
Übernachtung im zentralen Gasthof von **Mittersill**. Mit Hilfe des Postbusses hole ich unsern Peugeot.

♣

2. Regenpause
Den regnerischen Tag verbringen wir im Tauernzentrum von Mittersill. Man kann sich dort stundenlang aufhalten:

- *Dreidimensionaler Film über die Verschiebung der Erdplatten und Entstehung der Tauern (Tauernfenster) einschließlich grummelndem Erdbeben von unten*
- *Monitore von verschiedenen Bereichen der Tauern, die je vier bis fünf Adlerflüge in die dortigen Täler zur Auswahl stellen*
- *Alm mit ausgestopften Tieren aufgebaut und einem Murmeltierbau zum Krabbeln für kleine Kinder*
- *Gletscherinneres, ein Film in Rundum-Perspektive*
- *Gletschertal mit Zeitenrad – das ständige Vor und Zurück der Vereisung seit der Eiszeit bis in die Gegenwart*
- *Hinweis auf das „ewige Gras" – die einzelne Pflanze baut vorn neue Triebe an und hinten ab, lebt über tausend Jahre! Hinweis auch auf das von uns gesichtete „Pinzgauer Rind" mit weißem Rücken- und Hinterteil und vieles mehr zum Ausprobieren, Anschauen und Zuhören.*

Die Dame am Zentralkomputer kann aus dem *internet* ermitteln, dass es überall in den Alpen weiterregnen wird mit Ausnahme in der Gegend nördlich vom Inn bei Kufstein. Zwar wird es da auch bedeckt sein, aber Sicht bis 1500 Meter hinauf. Höher sind da die Berge nicht.

♣

3. Schiffbau und Rofan
Also fahren wir nach Kufstein und weiter zum einst bedeutenden Schiffbauer- und Werften-Städtchen **Unterlangkampfen**. - Schiffbau in den Bergen? Das war einmal, als es noch keine Eisenbahnlinie von Rosenheim nach Innsbruck gab. Mit der Bahn kam natürlich das abrupte Ende für Flößerei, Werften und Schifffahrt. - Abendbesuch bei einer Pestsäule und einem See mit Hotel für ältere Herrschaften. Und Maria Stein: Eine Wallfahrtskirche im zweiten und

dritten Stock eines hohen Turms auf einem Felsen, ehemals ein Wehrturm an der Römerstraße.

Die 800 Höhenmeter Aufstieg zum Bergkamm sind für mich eine ziemliche Schinderei, vielleicht weil mich das leicht verhangene Inntal als Panorama nicht genügend befeuert – hundert Schritte gehen, fünfzig Atemzüge Pause und so fort - so wuchte ich mich hoch. Der Autolärm aus dem Inntal lässt mit der Höhe kaum nach. An der Höhlensteinhütte gibt es gutes Essen, aber auch viele lärmende Sonntagsgäste drinnen und draußen. Über Almen und durch Wälder wandern wir auf breitem und bequemem Weg dahin durch eine parkähnliche Landschaft, zunächst bis zur Eishöhle. Knapp vor Schließung sind wir am Ort, lassen uns mit Helm und Karbidlampe ausstatten und ziehen uns warm an. Sorgsam verschließt die führende Höhlenforscherin nach hundert Stufen Einstieg die Metall- und Holztür hinter uns, damit niemand von der nächsten Gruppe unbefugt und ungeschützt nachkommt. Es ist wirklich saukalt da unten, die Stalagmiten und –titen sind aus Eis statt Kalk, optisch kein allzu großer Unterschied, der Boden oft glatt, die Gänge eng, ein überraschendes Erlebnis. Und als wir wieder vor der Einstiegstür stehen, lässt sie sich nicht mehr öffnen. Der Riegel der äußeren Eisentür ist autonom zugefallen, zum ersten Mal in dreißig Jahren, und von innen nicht erreichbar. Ein Handy bekommt keinen Kontakt. Den Pfiff von Inges Trillerpfeife für Notfälle hört leider niemand. Ausnahmsweise habe ich ein Taschenmesser dabei, es ist aber zu kurz. Aber da wir Sonntag haben, befinden sich oben im Kassenhäuschen Ehemann und Sohn der Führerin: Irgendwann wird ihnen ja auffallen, dass wir nicht zum Vorschein kommen. Keine Panik. Uns wird immer kälter. Die Führerin verliert schließlich die Geduld und wendet Gewalt an, diesmal mit Erfolg. - Zur Belohnung bekommen wir oben alle einen guten Nusslikör der Marke Eigenbau.

Übernachtung im **Buchacker Almgasthaus** als einzige Gäste.

Bei dem nun eintretenden guten Wetter laufen wir gleich zwei Tagesetappen an einem Tag auf das Rofangebirge zu. Erst runter zum Kaiserhaus an der Kaiserklamm: Hier konnte Kaiser Franz das Abflößen von Baumstämmen mittels gestautem Wasser betrachten. Danach bergauf auf breitem Fahrweg mit einigen Radlern, Motorrädern und Autos. Blick auf den Rofan in der Ferne, eine heranrückende Wand von entmutigender Höhe. Diese letzten bequemen zwölf Kilometer gehen mir schön in die Knie, das linke beginnt nun doch wieder leicht zu schmerzen, dumpf von innen. Das von den Routenplanern empfohlene „Waldhäusl" in **Steinberg** hat nur vier Zimmer, die besetzt sind. Wir erfahren von einem hilfsbereiten Dörfler, dass die überhaupt nicht gern Gäste für nur eine Nacht aufnehmen. Er vermittelt uns per Smart- oder I-Phone ein anderes schönes Quartier.

Klare, kalte Nacht mir Dreiviertel-Mond, Jupiter und Sommerdreieck, morgens Raureif und etwas Dunst, dann Sonne und Sonne. Früh machen wir uns auf. Leider müssen wir erst noch ins Tal und wieder hoch, danach dann lange auf Feldwegen in gleicher Höhe auf den Rofan zu. Plötzlich geht es immer steiler die Bergflanke hinauf, hin und her in kurzen Serpentinen wie so oft. Strengt mich an, aber die Knieschmerzen gehen mit der Beanspruchung beim Laufen zurück. An einer kleinen verlassenen Hütte machen wir Rast, sitzen auf der Bank an der warmen Holzwand mit Blick ins Grüne und speisen gemütlich aus unseren Rucksäcken. Steil geht es weiter, für 250 Höhenmeter brauchen wir eine Stunde. Für die nächsten 250 Höhenmeter ebenfalls, dann haben wir den Zireiner See auf dem angestrebten Joch erreicht – eine Art Hochtal, weit geschwungen, mit Kieferbüschen und Grashängen vor dem Rofangipfel als Kulisse (Zeichnung S. 114). Einer der schönsten Plätze auf unserer Wanderung. Hochstimmung bei der Mittagsrast! Über den eigentlichen Pass (1880m) in einer weichen Gräser-Landschaft mit verstreuten weißen Kalkfelsen hinweg gelangen wir von einer Minute zur anderen zu einem freien Ausblick auf den Alpenkamm mit Venediger und vielen weißen, vereisten Unbekannten hinter einer schwarzen Bergfront über dem Inntal. Wir rasten gleich noch einmal, um diesen Blick wirken zu lassen.

Der Abstieg führt durch fast tropischen Feuchtwald mit Farnen, Moosen, Epiphyten, leider im Stop-, Stolper- und Rutschverfahren, bis zur **Bayreuther Hütte**. Sie liegt hoch über dem Inn, gegenüber dem Ausgang des Zillertals, mit überwältigender Fernsicht in fast alle Richtungen. Wie soll man das beschreiben, wo ich nicht einmal glaube, dass ein Foto solche Eindrücke nacherlebbar wiedergeben kann! Vielleicht ein professioneller Film?

Nach kalter Nacht, Hiltrud friert beträchtlich, können wir doch in der Morgensonne vor der Hütte frühstücken. Die Fernsicht von gestern in neuem Licht, Bodennebel im Tal. Auf zunächst gleicher Höhe auf schmalem Pfad über Stock und Matsch erreichen wir die Sonnleitenhütte. Ein netter Wirt tischt uns Hollersaft auf zur immer noch tollen Sicht, und weist uns auf eine kleine Mufflonherde hin. Ich schleiche mich mit der Kamera ungläubig, aber von Inge nachdrücklich ermutigt, bergauf über die Almwiese an die Mufflons heran, komme erstaunlich nahe. Vom besten Foto mache ich später eine Zeichnung. – Danach begegnet uns ein junger Mann mit Hund, den ich vorsichtshalber auf die Mufflons aufmerksam mache. War ihm aber nicht neu, er kennt die kleine Herde. Sie wurde vor kurzem erst für die Jagd hier ausgewildert und ist folglich noch nicht menschenscheu. Aha! – Man braucht offenbar immer etwas zum Totschießen, und da das Gams- und Steinwild wohl (noch?) nicht in Frage kommen, müssen halt die Migranten aus Spanien und Korsika herhalten.

Langwieriger bis langweiliger, ermüdender Abstieg bis zum Bahnhof. Wir treffen zehn Minuten vor Abfahrt eines Zuges nach Unterlangkampfen ein. So ein Glück. So ein Pech: Das *display* vom Fahrkartenautomaten blendet derartig in der Abendsonne, dass man absolut nichts erkennen kann. Wir steigen als einzige Gäste hinten ein ohne Fahrkarten. Inge macht sich sofort auf die Suche nach dem Aufsichtsbeamten, den sie im Gespräch mit dem Lokführer ganz vorn findet. Sie muss erst energisch werden, um eine deftige Strafgebühr abzuwenden, bevor der Zug in Unterlangkampfen hält.

Noch am selben Abend sind wir wieder in Forchheim.

♣ ♣ ♣

## Montafon und Rätikon 2011

Start in Frastanz bei Feldkirchen, einem historisch bedeutsamen Ort. Gegen 1490 fand dort die blutige Schlacht zwischen den Truppen von Kaiser Maximilian und Schweizer Bürgern statt. Letzteren sollte eine gottgegebene fürstliche Obrigkeit aufgezwungen werden. Das Unternehmen ging aber erbärmlich schief, denn der HERR war nicht mit dem Habsburger und seinem armen Heer: Gemetzelfutter.

♣

Gehen wollten wir ein Teilstück der Via Alpina Triest–Andorra, nämlich die Etappen 56 bis 64, also Feldkirch bis Silvretta Stausee am Piz Buín. Unterwegs, ab Furgga-Pass, kam es dann anders. Wir schwenkten auf den Europa-Weg Nr. 2 Bodensee-Adria ein mit anderen Etappen, aber demselben Stauseeals Zwischenziel – Bieler Höhe.
Noch am Anreisetag hinauf zur **Feldkircher Hütte** bei schönster Sonne im angenehmen Waldesschatten. Die Licht durchflutete Flusslandschaft der Jll leuchtet zwischen den Stämmen hindurch. Auf den Karten gibt die angezielte Hütte nicht, weil sie ein Naturfreundehaus und nicht vom Alpenverein ist. Schöner Abend in freundlicher Atmosphäre.
Und noch ein Sonnentag. Ständig auf und ab am Gebirgsgrat entlang, an den Drei Schwestern vorbei, zwischen Österreich und Liechtenstein hin und her und auf und ab, mal 1.600m, mal 1.800m und dann 2.100m Höhe (Gazella-Kopf), immer schön mittel-anstrengend! Viele Wochenend-Wanderer sind ebenfalls unterwegs und freuen sich an den herrlichen Blicken ins unromantisch-industrielle Rheintal

tief unten. Für die lange Strecke an dem heißen Tag haben wir trotz Vorsorge zu wenig Wasser mit. Ein einheimischer Wanderer zeigt uns, wo bei den Viehtränken der Wasserhahn sitzt. Kühles Wasser, ein Genuss. Zuletzt runter zum Gasthaus **Sücka**, wieder kein Alpenvereinshaus, auf das uns folglich kein Wegweiser hinweist. Erst dann ein Schild, als man das Haus sowieso schon sehen kann. Ein stolzer Zehn-Stunden-Tag.

Morgens sieht es nach Nebel und Regen aus, lichtet sich aber. Ein mäßiger und langsamer Anstieg tut gut nach dem gestrigen Tag. Erst im Talschluss geht es dann mühsamer hinauf zu einem Pass. Unterwegs, unterhalb noch von der **Pfälzer Hütte** (2.100 m), essen wir zu Mittag aus unserem Wurst- und Nüsse-Vorrat. Am Nachmittag trübt es sich ein. Regen. Friedliches Lesen in der wenig besuchten Hütte. Am Folgetag dichter Nebel und Regenschwaden, es hört und hört nicht auf. Wir beschließen zu bleiben. Mein Argument: Was haben wir von dem Alpenpanorama, wenn wir nichts davon sehen? Ich lese Wilhelm Raabes „Der Stopfkuchen": Bemerkenswerte Doppelsicht auf zwei vergleichbar unerfreuliche Kindheiten mit ganz unterschiedlicher Konsequenz fürs Leben. – Erst in drei-vier Tagen soll es wieder schön werden!

♣

Am nächsten Morgen belohnt strahlend blauer Himmel das ungeduldige aber weise Abwarten. Berglandschaften. Wir durchqueren Kalkfelsen, von Wasser und Gletschern in rundliche Formen gebracht. Auf dem Weg sind Felsstücke verteilt wie gebleichte Saurierknochen. Auch Bundsandsteinbänder in der Wand – mir fehlt ein Geologe, der einem das erläutern kann. Hoch zur Großen und Kleinen Furgga (je 2.300 Meter), an Wänden entlang auf ausgesetztem Pfad. Beine und Rucksack trotz Steilheit merkwürdig leicht, positive Folge des Ruhetags gestern? Wir ändern spontan am Pass unsere Pläne, angeregt durch das Gespräch mit drei Frauen, die wir in der Pfälzer Hütte schon am Abend vorher gesehen hatten und nun wieder treffen: Nicht zum Schesaplana-Haus im Süden, sondern auf die anscheinend interessantere Nordseite des Gebirgszugs. Nun viel Auf und Ab, zwei Klettersteige, lange schräge Geröllebene zu einem Pass, dann hinauf am Seil zum Brandner Gletscher. In der Mittagswärme ist seine Oberfläche angeschmolzen, so dass wir auch ohne Steigeisen auf dem nicht sehr mächtigen Gletscher laufen können. Der Weg hinüber zur Mannheimer Hütte ist über die weiße Fläche gesteckt. Aber Halt! Unser Pfad soll laut Karte auf dem Kamm oberhalb vom Gletscher verlaufen? Dahin müssen wir nun wieder zurück über den Gletscher. Ein ausgelegtes Seil hilft uns da, wo das Eis etwas steiler und glatt wird. Schließlicher Abstieg durch grobes Geröll hinunter zur **Totalpehütte** (2.400 m). Runter bin ich genauso langsam wie rauf. - Ein Elf-Stunden-Tag. Sehr gesund.

Verhangen, aber die graue Wolkendecke liegt hoch. Erst steigen wir mühsam von 2.400m zum Lüner See hinunter, dann an phantastisch gefalteten eisgrauen Wänden und Spitzen vorbei plus Schweizer Tor. Dabei kommen wir einem Murmeltier so nahe, dass sich ein Foto lohnt. Erneut langer Abstieg zur **Lindauer Hütte**, und trotz der wieder schwereren Rucksäcke und schwereren Beine ein eher gemütlicher Tag mit gemütlichem Ausklang plus gutem Essen und Gespräch mit den drei Frauen.
Dank der leckeren Linsensuppe unruhige Nacht mit schwerem Magen für mich. Morgens noch einmal eine hohe Wolkendecke. Steilanstieg bei zunehmenden Nebelschwaden und eisigem Wind, dazu ein paar Regentropfen. In der Tilianhütte (2.200 m) essen wir ausnahmsweise normal gesittet zu Mittag. Unterwegs Gemsen. Bequemer Aufstieg

an gewaltigen rundlichen und gletscherweißen Massenkalkformationen vorbei zum Plasseggen-Pass (2.350 Meter) und auf annähernd gleicher Höhe zum nächsten Pass, und schließlich tausend Höhenmeter abwärts, runter zum modernen und etwas öden Ort **Gargellen**, wo wir dank Empfehlung von Einheimischen im Hotel Alpenrose eine ansprechende Unterkunft finden. Wir waren zehn Stunden unterwegs, davon mindestens neun auf den Beinen; trotzdem und trotz des schönen Zimmers und der guten Betten noch einmal eine schlechte Nacht - wegen zu großer Pizza. *Ein* Fehler bei der Einschätzung des Abendessens reichte mir wohl nicht.

In der Nacht regnet es, aber am Morgen beginnt es mehr und mehr zu einem schönen Sonnentag aufzuklaren. Für das langgestreckte Vergaldatal sind keine Autos erlaubt, die uns etwa ans Tal-Ende zum Aufstieg bringen könnten. Also langer Anmarsch, überraschend gut zu gehen, ein liebliches Tal mit einer Alpe. Wir fühlen uns gut in der Zeit und machen schnell eine „Käse-Führung" mit. Dabei hören wir, dass Kühe vom frischen Gras allein Durchfall bekommen und Heu als Zusatzfutter brauchen; das gilt fürs Frühjahrgras, wie ich später aus kundigem Mund in der Gießener Weinstube erfuhr. Außerdem leiden nicht nur die Menschen, sondern auch die Kühe unter der Zeitumstellung Winter/Sommer und ärgern sich hörbar über die geänderten Melkzeiten.

Durch die sich nun lang hinziehende Strecke erscheinen die 1.200 Höhenmeter Anstieg nicht allzu beschwerlich. Landschaftlich lohnend, dauernd Gründe zum Stehenbleiben und Umherschauen. Jenseits des Vergaldner Jochs (2515 Meter) betrachten wir über den tiefen Taleinschnitt hinweg die winzige **Tübinger Hütte** in der gegenüber liegenden Wand, finden auch die dünne Linie, die den morgigen Pfad hinauf zum nächsten Pass andeutet. Durch Blockfelder zum Klettern oder Stolpern (ich), rund um den Talschluss herum, erreichen wir im warmen Abendlicht die Hütte.

♣

Splendid day, día espléndido. Die Strecke ist nicht allzu weit, wir gehen ruhig die 300 Höhenmeter an, viel Schotter, und nach herrlichem Blick auf den Silvretta Stausee hinunter zu einem Kar mit Bach. An dem verspeisen wir dann unser Mitgebrachtes und genießen eine lange Pause in der durchdringenden Sonnenwärme mit Sicht auf die Gletscher von Silvrettahorn und Piz Buín. Der weitere Abstieg ist „nicht ohne" für mich, geht auf die Knie; bin dafür, dass wir im Tal den unteren See anpeilen und da den Bus nach Schruns abpassen. Lasse mich überstimmen und zockele hinter den tüchtigen Frauen her Richtung Silvretta See, nochmals 100 Höhenmeter. Rauf. In einem Anfall von Eigeninitiative beschließe ich zwischendurch, ein Foto von mir zu machen mit dem Selbstauslöser der neuen Kamera. Immer wieder ist nur der Rucksack solo drauf, aber schon beim fünften Versuch klappt's. Auch finde ich aus den sich gabelnden Wegen nach einer Brücke über den Bach ohne Karte oder Wegweiser den richtigen heraus, im zweiten Anlauf. Als Belohnung dann im **Madlener Haus** am Stausee ein von Inge vorsorglich georderter Germknödel.

Es ist im Bus so schön, dass wir in Schruns nicht aussteigen, auch später nicht, sondern erst da, wo wir einen Zug bis Frastanz bekommen und dort zum Auto zurückkehren. Ab Frastanz eine ermüdende Suche nach Herberge – in keinem der Dörfer rundum und in den Vororten von Feldkirch finden wir ein Hotel oder ein Hotel mit freien Zimmern. Erst im zentralen Feldkirch selbst, auf Anhieb, gibt es eine nette Unterkunft.

Am Heimfahrtag erwandern wir noch unsere freundliche Stadt Feldkirch, und später noch Lindau mit den Aufbauten **im** Bodensee für die Oper „André Chénier" von einem gewissen Giordano: Der rosa Oberkörper von Marat mit Messer im Busen erhebt sich riesenhaft aus der Badewanne Bodensee.

## Triglav-Nationalpark 2012

Wenn eine Frau im etwas fortgeschrittenen Alter einen Runden Geburtstag feiern will, kommt sie, nach meiner Einschätzung im Allgemeinen - und zur Erleichterung für den Ehemann – gern auf den Gedanken, entweder ein paar Tage in einem renommierten Wellness-Hotel an einem renommierten oder exotischen Ort vorzuschlagen oder einen geräumigen, netten Saal für die Ausrichtung der Feierlichkeiten durch freundliche Bedienung. Aber Inge ist nicht eine Frau im Allgemeinen, sondern im Besonderen. Sie begann rechtzeitig, und zur Motivierung des Ehemannes, mit der Planung von drei Wochen Hütte und Zelt in Slowenien und Kroatien. Für die Beschaffung eines altersangemessen hohen Zeltes im Hinblick auf besagten-betagten Ehemann hatte sie schon lange vorher gesorgt. Mithin war alles bereit und musste nur noch von mir eingepackt werden ohne Wichtiges zu vergessen.

♣

1

Schon der Anreisetag zeigte sich trotz Hindernissen im Ganzen glücklich. Die Autobahn frei, weil Sonntag war, die Sonne schien spätsommerlich heiß. Auffällig die unglaublich vielen stattlichen Camper auf der Strecke; es schien außer uns auch andere Rentner zu geben, die sich jetzt noch auf die Reise begaben. Das Radio verkündete später ein Hindernis: Am Irschenberg hatte ein Lastwagen eine bedrohliche Flüssigkeit verbreitet, die in vielstündiger Arbeit beseitigt werden musste. Nahezu vollständige Sperrung unserer Richtung! Stau mit erst einer Stunde, dann zwei Stunden Verzögerung wurde in Aussicht gestellt. Auch die Landstraßen oder Umleitungen seien nicht mehr zu empfehlen. So kam es auch. Erst ab Bad Aibling lief der Verkehr. Zäh. Und der Gegenverkehr aus Richtung Salzburg ebenso: Camper an Camper! Wo kamen die bloß alle her? Es muss eine Rentnergeneration geben, die erstens das Geld für die fahrenden Paläste hat und die sich zweitens noch nicht vom Zigeunern abhalten lässt. Zigeuner, Sinti oder Roma, die einzigen echten Europäer, keiner Einzelnation zuzuhörig.

Noch am selben Abend kamen wir in **Rudno Polje** im Triglav-Nationalpark an. Auf dieser Lichtung (polje) liegt ein oder das Trainingszentrum für die slowenischen Biathlonmannschaften. Ein Sporthotel und die gesamte Anlage weitläufig, großzügig und sauber – so ein bisschen quadratisch-praktisch-abwaschbar. Als Wahlhesse (Mittelhessen) fühlt man sich gleich zu Hause oder, etwas vorsichtiger, fünfzig Jahre zurückversetzt.

♣

2

Am ersten Wandertag war der Himmel leicht bedeckt, es nieselte sogar etwas, aber für einen Anstieg wie geschaffen, nicht zu warm, nicht zu kalt. Über Wurzel und Stein gleichmäßig bergauf, bis mehr und mehr die Berge der Julischen Alpen „um die Ecke" kamen, zum Schluss hoch oben in der Triglav-Wand die Planika-Hütte wie ein winziger Pickel im Karst. „Da gehe ich heute nicht mehr rauf!" – mein erster Gedanke bei diesem Anblick. Für die 550 Höhenmeter bis zu der für den ersten Tag angezielten Vodnikov-Hütte brauchten wir statt der amtlichen drei Stunden ganze vier, plus Mittagspause. Nachdem wir am frühen Nachmittag eine Stunde dort in der warmen Sonne gesessen hatten, keimte in Inge der Gedanke, nicht den Rest des Tages mit dem Warten auf die Schlafenszeit zu verbringen,

sondern schon die nächste Etappe anzugehen. Das leuchtete mir ein, fühlte mich außerdem voll regeneriert. Also stiegen wir langsam und bedächtig wie immer durch Geröll und Fels steiler und steiler hinauf, bis wir zu guter Zeit das **Dom Planika** auf 2400 Meter erreicht hatten und durch einen geselligen Abend mit Bonner und steiermärkischen Wanderern für unsere Ausdauer belohnt wurden. - Gut, dass wir erst heute ankamen! Das vergangene schöne Wochenende hatte unter einem gewaltigen Andrang von Bergsteigern gelitten. Die mussten zum Teil auf Bänken und Fußböden schlafen, nicht nur hier, sondern auch in anderen hochgelegenen Hütten. Und das in einer Höhe, in der es keine Quellen gibt und folglich keinen „Wasseranschluss"! Außerdem sind die Julischen Alpen ein Karstgebirge, südliche Kalkalpen, setzen den Karnischen Kamm nach Osten fort.
Zu später Stunde ging der Hüttenwart herum und fragte, wer noch Kraft und Lust hat, Vater und Sohn, die sich mit dem Triglav-Gipfel übernommen hatten, aus Bergnot zu retten. Ein Hubschrauber kann an der Wand nichts ausrichten. Jemand erbarmte sich.

♣

3

Da wir bei unseren Wanderungen schon so viele Gipfel ausgelassen haben, kommt es auf einen mehr oder weniger nicht an! Wir verzichten auf den Triglav und wandern stattdessen weiter. Oberhalb der Baumgrenze ist der Blick in und über die Berge unbegrenzt, die Landschaft verwandelt sich beim Gehen „laufend", die Perspektive wechselt, ich könnte immer wieder stehen bleiben zum Fotografieren. Erst geht es beträchtlich runter, dann durch Kalkschutt wieder bergauf. Vor der Dolič-Hütte eine Unsicherheit, so dass wir die gleiche Klettersteig-Strecke dreimal durchsteigen müssen, hin, Zweifel, zurück, Zweifel, nochmal hin –

war doch der richtige Weg. Wir bleiben nur zu einem Trunk, es ist wie oft gehabt zu früh zum Bleiben. Deshalb arbeiten wir uns bald durch Schotterbänder auf einen Pass hoch (2300 Meter), dann über das Hochplateau Hribarice, einer etwas grausligen vegetationslosen Mondlandschaft, und mühsam runter und wieder rauf zur **Zavaska Koča**. Kein kostenloses Wasser, auch nicht für die Übernachtungsgäste. Nur an einer Außenwand, zehn Zentimeter über dem Erdboden, ein Wasserhahn mit Trinkwasser, mit dem wir uns etwas unbequem die Zähne abends und morgens putzten und die Wasserflaschen abfüllten. Abseits eine kleine Hütte am Abgrund, in der man durch ein Bodengitter fallen lassen kann, was nicht mehr zu halten ist. Aus der Tiefe ragt einem eine dunkle, von Amoniakschwaden umwaberte Pyramide entgegen mit weißen Papierblüten verziert. - Solche Beschwerlichkeiten verringern unsere Freude am Wandern nicht, zwei Tage ohne Dusche, was soll's! -
Unser Eindruck bisher: Die Julischen Alpen erscheinen uns im Vergleich zu den Dolomiten im Westen als noch bizarrer, noch stärker verwittert und daher mit beschwerlichen Schottergürteln am Fuß der Berge und mit glatten, hohen Wänden. Wir freuen uns und sind beeindruckt. – Ab morgen Mittag soll es regnen.

♣

4

Es klart auf, beschwingender Morgenhimmel. Wir steigen ab ins Trenta- oder Isonzo-Tal, ein gewaltiger Steilabstieg erst im Schotter, mit herrlichem Bergpanorama, danach durch Gebüsch und schließlich Fichtenwald, immer hart am Berg. Manche Bäume sind gestürzt und haben mit ihrem Wurzelballen weiße Kalkfelsen aus dem Berg gewuchtet, tragen so zur Erosion bei. Der Weg ins Tal ist ausgebaut, fantastisch angelegt, an schwierigen Stellen sogar gemauert! Für die paar Wanderer? In Nepal sind die uralten soliden Bergwege von den Einheimischen für sie selbst einst angelegt worden, werden nun sekundär von den Touristen genutzt; aber hier in den Alpen? - Unten im Soča/Isonzo-Tal holt uns der Regen ein. Ich will unter Dach und Fach, Inge will weiter, gibt aber mir zu liebe nach. Nachdem wir in **Trenta** ein Zimmer genommen haben, nicht sehr gemütlich, eher muffig, wandert Inge wieder in den Regen hinaus, am Fluss entlang, während ich Tagebuch schreibe, Rückengymnastik mache und mich im Bett ausstrecke.

♣

5

Los im Regen an der Soča entlang. Zunächst nicht sehr aufregend, erst weiter abwärts beim Ort Soča wird der Flusslauf immer mehr einer wilden Klamm ähnlich: ausgewaschene Felsblöcke, Engpässe und Wasserfälle, so dass fürs Wildwasserfahren etwas geboten wird. Wir hatten uns diese gepriesene Strecke aber noch gewaltiger vorgestellt. Teilweise mussten wir auch die Landstraße nehmen, insgesamt etwa fünfzehn Kilometer. Bald ging es ab in ein Seitental zum Dom Dr. Klementa, kaum ansteigende zwei Kilometer, während der Nieselregen allmählich aufhörte. - Das Dom etwas öde und menschenleer, wenig einladend trotz der freundlichen Wirtinnen. Ich weiß nicht mehr genau, wovor ich mehr zurückschreckte, vor dem „verlassenen" Haus oder vor den anstehenden Höhenmetern. Inge hingegen ist entschieden, sie drängt auf Weitermarsch. Nach einem Kakao überwinde auch ich meine Faulheit. Wie beim Abstieg gestern ein auffallend breiter Weg, im Zickzack aufwärts in regelmäßigen Kehren, bestens ausgebaut. Ab und zu nimmt Inge eine Abkürzung, bis wir uns für eine bange Stunde aus den Augen verlieren. Gottseidank hatte ich mir die Strecke auf der Karte eingeprägt, so dass wir uns an der richtigen Stelle gegenseitig abfangen können. Auf der Pass-Höhe (1480 m) ein Hinweis auf den Ersten Weltkrieg und die Insonzo-Front als dem östlichen Ende der Südfront. Das erklärt diese speziellen „Wanderwege"! Trassen für den Krieg also! Welche Schinderei für die Pioniere oder Arbeiter, die das am Steilhang herrichten mussten, und für diejenigen, die dann schweres Kriegsgerät hier hinaufschufteten. - Für uns war erstaunlicherweise der lange Anstieg weniger belastend als vorher die siebzehn Kilometer auf Landstraße und Fußweg unten im Tal. Schöne Leistung, diese Kilometer plus mal wieder dreimal den Eiffelturm hinauf.

**Planinski Dom** – die freundlichste und netteste Unterkunft diesmal. Wir genießen den gemütlichen Abend und das Bewusstsein, etwas geleistet zu haben, auch die genussvolle Nachtruhe in einem kleinen Extrazimmer.

♣

6

Im wunderbaren Morgenlicht sanft bergauf und –ab, dabei allmählich höher und höher, Latschenkiefern und Lärchen in einer grünen Mulde im Gegenlicht, ein Gebirgspark, wie er schöner nicht sein kann. Plötzlich Ruinen von Gebäuden aus dem Ersten Weltkrieg, für Offiziere, Mannschaften und Gerät. Makaber: Die Völker ausgesaugt, um das alles bezahlen zu können. Und das ausgesaugte Geld hat sich natürlich nicht in Luft aufgelöst, sondern ist irgendwo gelandet – wo? Im Kaiserdeutschland gelang es nicht einmal den Generälen, die Rüstungsindustrie zur Aufklärung über ihre Phantasiepreise zu zwingen. Während das arme Volk Gold für Eisen geben durfte. Wie hieß es damals im Vietnam-Krieg? Ein toter Viet Cong kostet die USA soundso viel. Wer in den USA und bei den Verbündeten hat diese Dollar eingestrichen?

Auf die Passhöhe zu wird der Blick immer freier, das Grün bleibt zurück. Oben treffen wir bei bestem Sonnenschein auf kräftigen Eiswind, und es bleibt kalt auf dem Panoramaweg bis zum Dom Kumna – von dort dann Abstieg als ewiges Zickzack zum Bohinj-See hinunter. Unten gemütlich am Ufer entlang - aber immer noch sechs bis acht Kilometer bis **Stara Fužina**. Meine Sorge bezüglich Unterkunft in einem so kleinen Ort ist wieder einmal unbegründet. Ein freundliches Pärchen, das wir fragen, fährt uns sogar bis zu einer Familie, die Zimmer vermietet. So ist das in der Fremde!

♣

7

Eine lange Strecke von hier zurück zum Rudno Polje! Aber schön, und nur an einer Stelle steil. Denn zunächst durchwandern wir eine romantische Schlucht, wofür sogar Eintritt zu zahlen ist. Die Mostnica hat sich tief in den Kalk eingesägt, Steinmühlen in die Felsen geschmirgelt, viel wilder und beeindruckender als das Insonzo-Tal. In dem Bach macht sich ein Wasseramselpärchen zu schaffen, verzieht sich aber bald, weil wir so neugierig zuschauen. Am Ende der Schlucht, oben, erwartet uns eine liebliche weite Almwiese mit Rundblick ins Gebirge sowie der Mostnica-Wasserfall mit einer neuen und von uns nicht eingeplanten Gaststätte. Wir lassen uns nicht nieder, sondern gehen zügig die folgende Steilstrecke an, nicht viel, was uns aber doch mehr als sonst ermüdet. Unverhofft tut sich eine Lichtung auf mit Häuschen, Blumengarten und Wiese. Hier picknicken wir.
Ab da treffen wir bald auf Wochenendhäuser, Bauerhöfe und Viehweiden – die weitläufige und schlecht beschilderte Alm Uskovnica. Abwechselnd fragen wir die Leute nach dem Weg. Ein neu angelegter *short cut* nach Rudno Polje verkürzt die Strecke. Einzelne Spaziergänger streifen herum, auch über einen Wiesenhang mit einem kleinen Soldatenfriedhof. Im Fichtenwald dann mehr und mehr Pilz-

sammler, aufwärts bis zum Hotel. Schnell ziehen wir uns um und fahren hinunter nach Bled – überall Pilzsammler zwischen den Bäumen, überall ihre Autos am Straßenrand. Hätte Inge nicht in der Schlucht einen Riesen-Steinpilz gefunden und sorgfältig transportiert, hätten wir auf dem Campingplatz am See von **Bled** kein großes Pilzgericht mit Zwiebeln und Ei gehabt.

Die Nacht ist kühl, denn die Luft im großen Zelt und in der großen Doppelluftmatratze wird durch unsere Körperwärme nur langsam und nur mäßig aufgeheizt. Das Zelt ist am nächsten Morgen tau-nass. Es muss auch nass eingepackt werden, was allerdings nur mich stört.

♣

Der Runde Geburtstag fand zwei Wochen später und dreihundert Kilometer weiter im Süden statt, oberhalb von Dubrownik in einem Berg-Restaurant. Hinauf mit der Seilbahn, hinunter zu Fuß. Zwischendurch saßen wir unter weißen Sonnensegeln und sahen bei Weinschorle und Fischgerichten die unwirkliche „Spielzeugstadt" tief unter uns im blauen Meer liegen. Märchenhaft.

## Meraner Höhenweg 2013

Alte Bauernregel: Mai bis September Regen, deutscher Sommer auf den Wegen. Passt manchmal auch anderswo.

Weil Hiltrud noch praktiziert, muss sie die Wandertermine langfristig planen und sich und uns deshalb vom zufälligen Wetter überraschen lassen. Das war in diesem September zufällig eher grau und düster – egal, sie wollte endlich „ihre" Stubai-Tal-Rundtour machen. Die war bisher regelmäßig am Regen gescheitert. Also los. Autobahn im kräftigen Dauerregen. Erster Aufstieg zur **Starkenburger Hütte,** drei Stunden, davon die erste ohne Regen, eine mit Schneeregen plus Nebel und ohne Sicht, die dritte dann ganz annehmbar. Am nächsten Morgen zehn Zentimeter Neuschnee und Regenvoraussage. Der Hüttenwirt riet von der ersten Etappe des Höhenwegs ab, man solle besser ins Tal absteigen und von dort wieder rauf - mithin müssten wir den Vorteil aufgeben, uns laufend auf der Höhe halten zu können. So stiegen wir erst im Schnee, dann im Regen ab. Ich bekam dabei zum ersten und einzigen Mal bei allen Wanderungen eine fette Blase, auf dem Dicken Zeh, vielleicht durch das Nach-vorne-Rutschen im Schuh. Nicht fest genug geschnürt? Die Blase lenkte mich die nächsten Tage unerfreulich ab.

Wieder nichts mit dem Stubai-Tal. - Eine Fortsetzung unserer Wanderferien wäre in früheren Zeiten nicht möglich gewesen, aber heute konnten wir „mal eben" mit dem Auto auf die Südseite der Alpen wechseln.

Hiltrud hatte zwar ein Kleingerät mit vielen Äpps dabei, auch mit Wetteranzeige, nur ließ sich Meran nicht finden. Trotzdem fanden wir dort erfreuliches Wetter vor. Weiterhin hatte Hiltrud als diesjährige Planerin keinen Plan B vorbereitet. Deshalb, und weil Sonntag war, mussten wir uns ohne anständige Karte auf den Meraner Höhenweg begeben. Das trauten wir uns zu, weil Inge und ich ihn vor vielen Jahren schon einmal ein Stück weit gegangen waren. Je weiter wir nun im Jahre 2013 kamen, desto erstaunter waren wir, dass wir nichts wiedererkannten: Waren wir tatsächlich schon einmal hier? Es schien auch das einsame Gasthaus nicht mehr zu existieren, in dem wir eine Gewitternacht als einzige Gäste verbrachten. Alles ein Irrtum? Ich weiß es auch heute nicht sicher, denn ich hatte damals keinerlei Notizen gemacht, und die paar auffindbaren Dias waren nicht beschriftet. Nur das Donnern eines Wellblechdachs auf einem Schuppen im Sturm dient mir als ein sicheres Zeichen im Erinnerungs-Ohr, dass wir nicht geträumt hatten. – Übernachtung: **Thalbauer**, viele Radaubrüder, aber gut ausgestattet.

Dann weiter bei gutem Wetter, also ohne Blitz und Donner. Aber weite Abschnitte im dichten Höhenwald mit erstaunlich wenig Aussicht ins Tal. **Giggelberg**: Knallvolles Massenlager. Inge war sauer. Ihre Sauerkeit bewirkte am nächsten Morgen eine Änderung im Notplan: Wir verlassen den Meraner Höhenweg hier, Abkürzung und Aufstieg über die Baumgrenze zur **Lodner Hütte**. Nebel, Nebel, abends Schnee. Am nächsten Morgen war die gestern noch grüne Höhenlandschaft weiß. Aber der Pfad gangbar. - Es schneit nicht mehr, der Nebel ist nur Dunst und hebt sich, ein schöner Tag lässt sich ahnen. Zum Johannesjoch hoch geht es schließlich an einer Kette, sehr nötig, denn der schmale Steig ist schlammig und rutschig. Wir sind froh und erleichtert als wir oben sind, aber nur kurz. Der Weg runter ist nämlich genauso rutschig. Unten ein weites Kar, ganz weiß von weißen Felsblöcken (Kalk? Quarz?), dann quer rüber ohne ganz absteigen zu müssen bis zum steilen Aufstieg zur **Stettiner Hütte**. Kaum sind wir da: Riesenflocken wirbeln ums Gebäude.

Nachts zum ersten Mal seit 1994 starkes Herzklopfen und Extrasystolen. Erschreckend. Es sind neunzehn gute Jahre her seit meiner Bypass-Operation. Ob sich da etwas Ungutes tut?

Am nächsten Morgen ist wieder alles tief verschneit, so dass wir uns nicht über die Höhe weg zu den Spronser Seen trauen, sondern einen längeren Weg durchs Tal gehen. Aber wie gestern, die Nebel heben sich wieder, ein Sonnentag mit belebenden Wolken und Wind bricht an. Der dann folgende lange, lange Aufstieg wird von Inge und mir in bewährter Langsamkeit bewältigt: Verschnaufen – umherblicken – ein Foto machen – weiter „im Text". Wieder einmal einer der schönsten Wege in den Alpen. Die Gipfel heben sich hinter den Vorbergen mit jedem Schritt mehr hinaus, die Höhe mit weitestem Rundblick bis in die Dolomiten hinein. Wir erkennen Platt- und Langkofel - da sind vor zwei Wochen Wanderer abgestürzt. Auch Schlern und Marmolada kommen heraus. Zum Schluss erreichen wir eine Kette von knallblauen Bergseen, tief eingebettet, überblicken die kräftigen Spiegelflächen eine nach der anderen von oben. Und dann ist es nicht mehr weit bis zur Hütte, die **Oberkaser** heißt**.**

## Mt. Blanc 2014 und Schluss?

Begonnen habe ich mit dem Hinweis auf einen Mt. Blanc-Wanderweg, den man an Stelle der Besteigung nehmen solle. Die Erfahrung 2014 mit der „TMB" – Tour Mt. Blanc – bildet nun den Abschluss. Vielleicht war das die letzte Tour, denn mein Herz muss erst wieder untersucht werden. Und an die Stelle der letztlich immer noch und immer wieder funktionierenden Knie tritt unerwartet eine schwere Hüftarthrose, hoffentlich mit einer Operation behebbar. Auch hat Freundin Hiltrud sich zur Ruhe gesetzt und einen

Wohnwagen angeschafft, mit dem sie nun ihre Touren ohne uns macht.

Der erste Eindruck am Mt. Blanc lässt sich mit Schiller so formulieren: Wer kennt die Völker, nennt die Namen, die wandernd hier zusammenkamen? Wir hatten das vielfältige Sprachengemisch im überfüllten Wanderhotel zu Trient (Schweiz, unterhalb des Forclaz-Passes) nicht erwartet. Sogar mein bisschen Spanisch konnte ich unter die Leute bringen, oder ergötzte mich an den angelsächsischen Versuchen, die Aussprache etwa des Ortsnamens **Les Houches** zu bewältigen. Aber dann nur noch überwältigende Natur. Anhaltender, neun Tage ununterbrochener Sonnenschein mit romantischem Gewölk über und unter uns! So erhebend hatten wir es oft, können es aber nicht oft genug haben. In diesem September ist diese Ecke in den Alpen und in Mitteleuropa die einzige, in der kein Regen die Wanderlust beeinträchtigt! Auf den Hängen und Wegen über den Tälern haben wir ständig freie Sicht auf das Mt. Blanc-Massiv mit Gipfeln, Gletschern und bewegten Wolkenfetzen. Alle unsere Wanderungen waren Höhepunkte, nur die je letzte schien uns stets die schönste, so auch diesmal. Wechsel in der Naturstimmung von Stunde zu Stunde, keine Strecke zu lang oder zu schwer, die Hüfte macht (noch) mit und das Herz auch. Keine Foto-Serie kann das unmittelbare Erleben von Frische und Hochgefühl ersetzen. Das ist vielleicht nur in der Erinnerung herauf zu rufen. Mögen diese Erinnerungen unser Leben noch lange begleiten:

> Those were the days my friend
> we thought they'd never end,
> we'd sing and dance
> for ever and a day...
> (Gene Ruskin)